DE

L'ÉQUIPEMENT DES TROUPES

Extrait du Journal des Sciences militaires.

(Novembre 1878.)

Paris. — Imprimerie de J. DUMAINE, rue Christine, 2.

DE
L'ÉQUIPEMENT DES TROUPES

PROJET DE TRANSFORMATION

De l'Habillement, de la Chaussure,
de la Coiffure, du Fourniment, du Paquetage,
du Campement, de l'Outillage, etc.,

DES TROUPES, EN GÉNÉRAL,

ET PARTICULIÈREMENT DE L'INFANTERIE

PAR

Ch. de DARTEIN

Chef de bataillon au 1er régiment de zouaves.

AVEC 18 FIGURES.

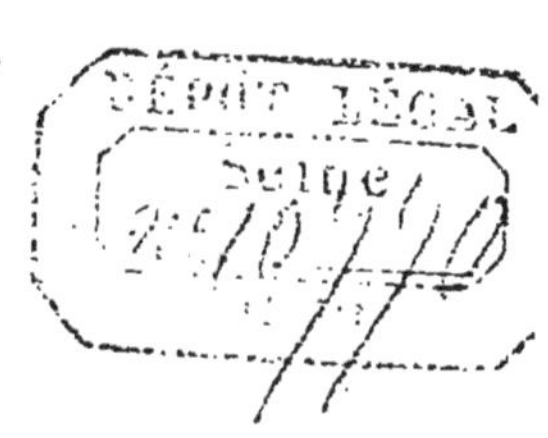

PARIS

LIBRAIRIE MILITAIRE DE J. DUMAINE

LIBRAIRE-ÉDITEUR

Rue et Passage Dauphine, 30

1878

DE L'ÉQUIPEMENT DES TROUPES.

PROJET DE TRANSFORMATION

DE L'HABILLEMENT, DE LA CHAUSSURE, DE LA COIFFURE, DU FOURNIMENT,
DU PAQUETAGE, DU CAMPEMENT, DE L'OUTILLAGE, ETC.,

DES TROUPES, EN GÉNÉRAL, ET PARTICULIÈREMENT DE L'INFANTERIE.

AVANT-PROPOS.

Le but que nous nous proposons, en publiant cette notice relative à l'équipement des troupes, ne saurait être assurément de produire un traité complet sur un sujet qui offre à l'étude un aussi vaste champ, et qui touche d'ailleurs à trop de spécialités pour pouvoir être l'œuvre d'un seul travailleur.

Nous n'avons même point conçu la pensée, trop ambitieuse encore, de donner à la question son entier développement, en ce qui concerne notre arme particulière, l'infanterie.

Mais, persuadé qu'il n'est aucun détail, si petit qu'il paraisse, qui puisse être regardé comme indifférent à la bonne organisation des troupes, nous venons demander, en ce moment de révision générale de notre système militaire [1], à présenter ici un tableau sommaire de toutes les menues réformes que nous croyons propres à épargner au soldat ces mille épreuves journalières (imperceptibles, pour ainsi dire, mais incessantes) qui minent sourdement les forces et le moral de la masse des armées, en énervant chacune des individualités dont celles-ci se composent, et qui finissent ainsi, quelquefois, par devenir la cause inaperçue de bien des mécomptes à la guerre.

Le présent mémoire ne sera donc autre chose que le résumé succinct des principaux désidérata que la dure expérience du service à pied nous a personnellement inspirés, pendant une vingtaine

---

[1] Une dépêche ministérielle (du 27 juin 1878) vient précisément d'appeler l'attention de l'autorité militaire sur la tenue de campagne du soldat, et de prescrire la remise de rapports spéciaux, à ce sujet, pour la fin de cette année.

d'années, avec une énergie de démonstration que nous serions heureux d'avoir réussi à faire passer assez complétement dans cet écrit, pour faire partager nos convictions à ceux de nos lecteurs qui seraient en situation de leur donner satisfaction, ou qui pourraient, du moins, mettre au service de la même cause une autorité plus grande que la nôtre, ou une connaissance spéciale des besoins des autres armes.

Quel que doive être, enfin, l'accueil réservé à ce modeste travail, nous espérons qu'il sera, du moins, tenu compte des bonnes intentions qui nous l'ont inspiré. Et l'on nous permettra d'ajouter que nous nous regarderions comme trop récompensé de nos peines, si l'événement pouvait nous laisser supposer un jour qu'il s'y soit rencontré quelque idée neuve ou simplement reproduite, qui ait mérité la faveur de l'autorité supérieure.

CHAPITRE Ier.

DE L'HABILLEMENT.

Considérations générales.

L'habillement des troupes doit satisfaire à des conditions nombreuses, et même contraires, à chacune desquelles on est tenu de faire, dans la pratique, une part rigoureusement proportionnelle à son importance relative, sous peine de tomber dans des inconvénients dont la gravité ne saurait échapper aux hommes du métier.

Les principales de ces conditions nous paraissent être les suivantes :

1° L'uniformité absolue des parties principales de l'habillement de toutes les troupes d'une même armée ;

2° Le choix judicieux des couleurs ;

3° Celui des matières premières, et l'emploi raisonné à faire de celles-ci au point de vue hygiénique ;

4° La commodité des vêtements ;

5° L'élégance du costume ;

6° L'économie ;

7° Enfin, la protection contre la balle de l'infanterie et même contre les menus éclats des projectiles de l'artillerie.

§ Ier. — *De l'uniformité de l'habillement.*

L'extension que les progrès récents de la balistique ont donnée aujourd'hui aux distances de combat nous paraît rendre plus pressante que jamais la nécessité de ramener, dans chaque armée, l'habillement des corps de toutes armes à une uniformité de couleur qui permette de distinguer de loin, sur le champ de bataille, les troupes d'un même parti.

Nous allons essayer, d'autre part, avec l'un de nos principaux écrivains militaires contemporains, de faire ressortir tous les avantages que l'identité de la coupe elle-même des vêtements ne manquerait pas d'ajouter à ceux de l'uniformité de la couleur.

L'auteur de *la Réforme de l'Armée*[1] démontre, en effet, qu'il résulterait de l'uniformisation complète de l'habillement des troupes une économie considérable, en même temps que de précieuses simplifications administratives, et que ce serait le seul moyen pratique d'activer, comme il serait nécessaire, les opérations de l'équipement des réservistes dans le cas d'une mobilisation générale. Ainsi, il fait remarquer d'abord que chaque magasin particulier doit nécessairement posséder, en sus du nombre de collections correspondant à celui des hommes à y équiper, un stock de 25 p. 100 d'effets destinés à l'essayage (pour les pièces d'habillement et d'équipement comportant des pointures).

Il fait observer ensuite que, pour chaque type d'uniforme, il faut que les magasins généraux soient pourvus actuellement d'un semblable fonds supplémentaire d'effets, et il fait ressortir l'immense économie que l'on réaliserait en réduisant [ce stock à un seul type d'habillement commun à toutes les troupes.

Enfin, l'auteur fait un tableau saisissant de l'effrayante complication qui résulte aujourd'hui, pour le service de l'habillement, du luxe de variété de nos uniformes, non-seulement quand il s'agit de mobiliser rapidement et d'entretenir les énormes effectifs des armées contemporaines, mais même pour le service courant du pied de paix.

Or, nous ne croyons pas que l'on puisse consentir à sacrifier longtemps encore des raisons qui semblent aussi victorieuses, à des prétentions ou à des exigences particulières, auxquelles nous allons prouver, d'ailleurs, que l'on pourrait satisfaire dans une juste mesure, tout en adoptant le principe de l'unité des approvisionnements.

Ainsi, nous pensons que, tout en uniformisant d'une manière absolue le fond du costume des différentes armes, il y aurait lieu de continuer de distinguer celles-ci les unes des autres, et, dans chacune d'elles, les diverses sous-unités, par des accessoires très-apparents, mais d'une pose assez facile et assez rapide pour qu'ils

---

[1] M. le général LEWAL.

pussent n'être fixés sur le vêtement qu'après la livraison de celui-ci à l'homme de troupe [1]. Et, pour ne citer qu'un exemple à l'appui de notre proposition, nous ferons simplement remarquer que nous nous sommes laissé devancer dans cette voie du progrès par la Turquie !

§ II. — *Du choix des couleurs.*

Ici encore nous allons proposer une innovation qui pourra tout d'abord sembler bien étrange, mais que nous espérons réussir à justifier à son tour par le raisonnement.

Nous voudrions voir conserver au pantalon la couleur garance et donner à la jaquette, ainsi qu'à la coiffure et au manteau, la couleur beige. Voici les considérations sur lesquelles nous croyons pouvoir étayer cette proposition :

Il nous paraît incontestable, en raison de l'efficacité prodigieuse acquise aujourd'hui par le feu, qu'il serait de la plus grande importance de chercher à rendre nos troupes, pour ainsi dire, invisibles à l'ennemi, en choisissant, pour les parties les plus apparentes de leur habillement, une couleur se confondant avec la plupart des tons de la nature.

Or, si, pour résoudre ce problème à l'aide d'une méthode exacte, on formait pour les couleurs une vraie table d'équivalents, en attribuant une valeur numérique aux divers degrés sensibles d'intensité de chacune des trois couleurs simples du spectre solaire, et que l'on pût donner dès lors une expression arithmétique à chacune des innombrables teintes que la combinaison de ces diverses nuances est susceptible de produire, il serait facile de se convaincre que les tons répandus sur la nature ne possèdent en réalité, à de rares exceptions près, que des valeurs relatives extrêmement faibles par rapport au blanc et au noir absolus, auxquels reviendraient, dans notre hypothèse, les valeurs maxima opposées.

On serait amené, par conséquent, à reconnaître que l'on commet généralement une grave erreur, en regardant comme peu voyants les uniformes de couleur sombre : car, dans la réalité, ceux-ci tranchent, au contraire, sur les teintes délicates de la nature, d'une manière aussi frappante que pourraient le faire les couleurs réputées les plus vives.

Nous nous croyons donc autorisé à poser en principe qu'il faut se garder, pour le choix de la nuance du fond de l'habillement, des couleurs foncées et passant généralement pour peu voyantes, avec autant de soin que de celles qui sont considérées comme éclatantes.

La nuance moyenne que l'expérience démontre avoir la propriété

---

[1] Voir la description de ces signes distinctifs au § VIII de ce même chapitre.

de se confondre le plus complétement, tant de nuit que de jour, avec les teintes les plus communes de la nature (terres labourées ou remuées, friches, bruyères, herbages à l'état de maturité, troncs d'arbres, feuillage en automne, branchage en hiver, rochers, pierres, routes, constructions, etc., etc.), est la teinte communément dénommée *beige* (voisine du gris-noisette).

Aussi est-ce cette couleur que nous avons adoptée dans notre type d'uniforme pour la jaquette, pour la coiffure et pour le manteau, qui sont les parties principales de l'habillement et de l'équipement, et qui apparaissent le plus habituellement à découvert sur le terrain.

Quant à la couleur garance, nous pensons qu'il serait très-opportun de la conserver pour le pantalon.

Elle a d'abord pour elle, en France, la consécration d'un usage déjà fort ancien; elle n'a encore été adoptée par les autres grandes puissances, qu'à titre exceptionnel pour le pantalon, et cette circonstance, éminemment précieuse, nous permettrait de continuer d'en faire notre couleur distinctive.

Nous ferons remarquer ensuite que la couleur garance n'occuperait pas en réalité un degré très-élevé dans notre échelle des valeurs relatives des couleurs, et que d'ailleurs le pantalon, qui disparaît dans les moindres accidents du terrain ou derrière les plus minimes rideaux de cultures, ne saurait jamais servir de point de mire au tir de l'ennemi, tout en pouvant constituer, grâce à sa couleur, un moyen suffisant de reconnaissance.

Il nous semble d'ailleurs que la différence de couleur que nous proposons de conserver ainsi, entre la jaquette et le pantalon, doive être considérée comme un avantage réel au point de vue de l'augmentation de la difficulté du pointage pour l'ennemi; cela reviendrait, en effet, à la diminution apparente de surface que l'on fait éprouver à une cible, en en couvrant une partie d'une couleur différente de celle adoptée pour l'ensemble du panneau.

Nous dirons encore, au sujet de ces deux couleurs, la beige et la garance, que la première est le résultat d'un mélange de laines sans teinture, et que la seconde provient d'une culture nationale, importante à soutenir.

Le drap beige offre, par conséquent, le grand avantage de pouvoir être obtenu, à un prix très-inférieur, de la même qualité que nos draps de couleur artificielle, et particulièrement que notre drap bleu-indigo. Enfin, l'on ne saurait imaginer de couleur plus invariable que la beige, tant à l'user qu'au nettoyage, puisqu'elle est naturelle.

Quant à la teinture garance, elle est justement réputée des plus fixes et des moins coûteuses.

§ III. — *Du choix des matières premières et de leur emploi raisonné, au point de vue hygiénique.*

En raison de sa solidité et de ses propriétés hygiéniques, le drap ne pourra jamais être remplacé par aucune autre matière, pour le fond de l'habillement des troupes.

Mais il semble que l'usage de doubler le drap de pièces de toile puisse être l'objet de la plus victorieuse critique.

L'entretien de cette doublure est, en effet, un sujet d'occupation continuelle pour le soldat ; son nettoyage nécessite de fréquents lavages qui sont extrêmement préjudiciables à la conservation du drap et qui, en maintes occasions, peuvent même devenir très-pernicieux à la santé du soldat, surpris souvent par quelque obligation de service qui le contraint à revêtir inopinément un vêtement qu'il vient de laver à grande eau. Enfin, la doublure augmente, sans aucune utilité, le prix de revient et le poids du vêtement.

Ne devrait-on point dès lors regarder comme une proposition rationnelle, celle d'assembler dans un grand gilet à manches toutes ces pièces de doublure, et de doter ainsi le soldat d'un nouveau vêtement indépendant, qui pût lui servir de veste de corvée et de gymnase, de tenue d'exercice, de vêtement de chambrée, et même de tenue journalière pour l'été ; qui fournît le moyen de ménager les plus dures épreuves à l'habillement de drap, qui pût être lavé à volonté, qui permît d'ouvrir l'uniforme par les grandes chaleurs et dans les marches, sans tomber dans le débraillé, et qui pût enfin être complété, pour l'hiver ou comme tenue de campagne, par un gilet de forte flanelle (ou d'épais molleton) porté par-dessous. Et, tout cela, sans augmenter d'une manière sensible ni le prix, ni le poids du vêtement actuel, que l'on ne ferait ainsi, en réalité, que dédoubler ? (*Voir la figure* 11.)

Cette combinaison permettrait, en outre, de supprimer la veste de drap (garnie elle-même d'une doublure) et de ne donner au soldat (et aux gradés eux-mêmes) qu'un seul vêtement de corps en drap[1], en plus d'un pantalon (en drap, pareillement) et d'un mantelet-couvre-pieds dont nous allons parler maintenant.

Nous venons d'indiquer comment on pourrait arriver à débarrasser le soldat de la veste actuelle. Nous allons à présent demander à la fois la suppression de la capote et celle de la demi-couverture de marche ; en proposant de remplacer ces deux objets par un simple

---

[1] Ce vêtement (un dolman) ainsi que le pantalon de drap seraient ménagés avec soin, de manière à servir d'habillement de grande tenue ; et la durée de ces deux effets pourrait être ainsi portée à 3 ans.

mantelet-couvre-pieds composé de deux pièces : le mantelet à capuchon et le couvre-pieds à agrafes.

Les avantages de la capote de l'infanterie ou du manteau de la cavalerie, de quelque modèle qu'ils soient actuellement, dans les différentes armes, sont loin, en effet, de nous paraître indiscutables, et nous pensons même pouvoir objecter légitimement contre leur conservation, les raisons suivantes :

1° La capote de l'infanterie est trop longue pour la marche ;

2° Elle est trop courte pour le bivouac.

La première proposition nous paraît évidente : car, si le soldat peut remédier, tant bien que mal, à l'exagération de la longueur de ce vêtement pour la marche en en relevant les coins par devant, il n'en éprouve pas moins par derrière la gêne d'un frottement 50,000 fois répété, en moyenne, dans une seule journée de marche !

Et quant au bivouac, on devra bien reconnaître que l'insuffisance de la longueur de la capote pour le couchage obligera toujours, dans la pratique, à surcharger le paquetage individuel (ou le convoi régimentaire) d'une demi-couverture, afin de permettre au soldat de se couvrir, pendant la nuit, le bas des jambes et les pieds, qui sont les parties du corps les plus sensibles au froid et à l'humidité.

Nous pouvons appuyer, enfin, notre argumentation contre la capote par des exemples qui nous paraissent bien concluants : nos troupes à cheval, d'abord, la remplacent par un manteau ; et, parmi nos corps à pied, ceux dont on peut supposer que l'on a mis le plus de soin à perfectionner l'habillement, comme troupes spéciales ou de dernière formation, n'ont pas reçu de capote, mais bien le simple collet à capuchon, qui leur laisserait aujourd'hui beaucoup de regrets (malgré son insuffisance reconnue), si elles étaient condamnées à l'échanger contre la traditionnelle capote de la ligne.

Ce n'est point, cependant, hâtons-nous de le dire, que nous tenions encore pour parfaits ces deux derniers types de vêtements ; car nous reprochons au manteau du cavalier de manquer de capuchon [1], et d'être même encore trop court pour le couchage ; et au collet à capuchon des zouaves, des tirailleurs, etc., d'être d'une longueur absolument insuffisante pour le bivouac.

Le mantelet couvre-pieds, par lequel nous proposerions de remplacer comme type unique la capote et le collet à capuchon des troupes à pied, ainsi que le manteau des troupes à cheval, nous semble répondre, au contraire, d'une manière absolument satisfaisante, à ces deux conditions, si opposées en apparence, de ne point gêner le

---

[1] Comme, d'ailleurs aussi, notre capote d'infanterie.

soldat pendant la marche et de le couvrir complétement pour le couchage.

Notre vêtement doit, en effet, cette double propriété à sa division en deux, parties, dont l'une, celle de dessus, est précisément le collet à capuchon (un peu modifié); et dont l'autre, celle de dessous, n'est autre chose que la demi-couverture de marche, munie à son bord supérieur d'une rangée d'agrafes qui permettent au soldat de la serrer à son cou pour la porter dans le service (*fig.* 10), et de l'ajuster ensuite autour de sa taille, comme un sac, quand il veut s'envelopper de la tête aux pieds pour se coucher (*fig.* 18).

Ajoutons que deux fentes pratiquées dans le couvre-pieds donnent passage aux bras quand on ajuste autour du cou cette seconde partie du vêtement, qui forme alors, avec le mantelet à capuchon, une véritable capote de guérite, chaude, commode, et recouvrant le paquetage lui-même (*fig.* 10). Mais, pour la marche (même par le froid et par la pluie), nous pensons qu'il y aurait lieu de ne couvrir le soldat que du seul mantelet (*fig.* 7), et de lui faire porter le couvre-pieds plié et bien garanti dans le paquetage, afin qu'il trouvât cette pièce de vêtement à endosser entièrement sèche en arrivant au bivouac, où il pourrait ainsi faire sécher les autres parties de son habillement sans s'exposer lui-même au froid ni à l'humidité. (*Voir la figure* 17.)

Nous dirons enfin que des poches nombreuses et commodément disposées, pour tenir en toutes circonstances les mains au chaud (même la main de la bride), achèveraient de faire de notre mantelet couvre-pieds un vêtement à la fois hygiénique, léger, commode, et d'un port infiniment varié, qui le rendrait aussi utile au cavalier qu'au fantassin.

§ IV. — *De la commodité des vêtements.*

Pour réaliser cette quatrième condition, il faut considérer :

1° Les dimensions et la disposition à donner au costume;

2° Le nombre des pièces qu'il est possible de faire entrer dans sa composition ;

3° Le poids total auquel on peut réduire le chargement du soldat.

1° La commodité des vêtements résulte tout d'abord de leur ampleur; car il est évident que la première des conditions à remplir, pour l'habillement de l'homme de troupe, est de présenter d'assez larges proportions pour permettre à celui-ci de se livrer, sans gêne, aux exercices les plus violents, et pour lui laisser la faculté de se protéger contre l'humidité par le port de vêtements de dessous, plus ou moins chauds, suivant la saison [1]. Mais il est, d'autre part, très-important d'éviter de tomber à cet égard dans aucune exagération, parce que, si les vêtements présentaient trop d'ampleur, ils seraient aussi trop lourds et ils feraient des plis qui ne manqueraient pas de devenir, pour le soldat, une cause de gêne considérable dans les exercices prolongés qu'il est appelé à pratiquer journellement.

Quant à la longueur des vêtements, nous pensons qu'il y a lieu d'établir, avant toute discussion, une distinction bien nette entre ceux qui doivent être portés habituellement par le soldat et ceux qui n'ont pour objet que de le protéger occasionnellement contre le froid ou contre l'humidité.

Dès que l'on a, en effet, divisé ainsi la question, elle devient parfaitement simple à résoudre, et il apparaît clairement que l'habit de corps du soldat doit être court, pour l'homme de pied aussi bien que pour le cavalier; tandis que l'on ne saurait jamais, au contraire, donner trop de longueur aux vêtements dont l'homme doit faire usage pour se préserver contre les intempéries.

L'habit de corps doit être court, disons-nous, pour le fantassin aussi bien que pour le cavalier; et nous ne pensons pas, en effet, que cette proposition soit contestable; car il est aisé de se convaincre que si la longueur de ce vêtement est, à cheval, une cause de gêne extrême pour les quelques cavaliers auxquels on impose encore le port de la tunique à jupe longue et flottante, elle n'est pas moins préjudiciable dans la marche au fantassin, qu'elle échauffe inutilement, et contre les jambes duquel les pans de la capote occasionnent des frottements qui, répétés, en moyenne, 50,000 fois dans une seule journée de marche, finissent par lui causer un surcroît de fatigue qu'il importerait grandement de lui épargner.

Nous avons dit, d'autre part, que l'on ne saurait jamais exagérer la longueur à donner aux vêtements de dessus destinés à protéger le soldat contre l'humidité et contre le froid; et nous ne pensons pas que cette seconde proposition ait même besoin de démonstration.

Cependant, nous voyons encore ici des distinctions importantes à établir, suivant que l'on considère le cavalier ou le fantassin, et que l'on suppose ce dernier en marche ou de pied ferme, ou à plus forte raison couché.

Dans les marches, en effet, de même que pour la circulation par les mauvais temps en garnison, il nous semble qu'il y a lieu de se préoccuper de garantir le fantassin contre la pluie, bien plutôt que

---

[1] Cette condition n'est pas moins nécessaire, pour que les pointures adoptées ne risquent pas de devenir trop exiguës pour des hommes qui seraient rappelés sous les drapeaux après plusieurs années de séjour dans leurs foyers.

contre le froid, et que, par conséquent, notre simple mantelet à capuchon serait, pour ces circonstances particulières, un vêtement parfaitement suffisant [1], en même temps qu'il ne gênerait en rien le mouvement de la marche. (*Voir la figure* 7.) Mais dans les circonstances où le soldat stationne (en faction, par exemple, ou dans l'intérieur des postes ou des camps), ce court vêtement deviendrait évidemment tout à fait insuffisant pour le protéger, tant contre l'humidité que contre le froid, et il éprouverait le besoin de se couvrir plus complétement. Or, il trouverait alors, dans l'usage déjà indiqué plus haut de notre couvre-pieds, ajusté autour de son cou et porté sous le mantelet, la protection la plus efficace qu'il pût désirer contre les intempéries. (*Voir la figure* 10.)

Enfin, pour le couchage au bivouac (ainsi que nous avons déjà eu l'occasion de le dire aussi), le soldat pourrait se couvrir des pieds à la tête, en serrant tout simplement autour de sa taille notre couvre-pieds, qui lui formerait ainsi une sorte de longue chancelière enveloppant entièrement ses pieds, tandis qu'il aurait le corps et la tête garantis par le mantelet et par le capuchon [2]. (*Voir la figure* 15.)

Quant au cavalier, ses besoins sont les mêmes que ceux du fantassin dans le service à pied et au bivouac ; et, pour se couvrir quand il serait à cheval, il pourrait à son gré endosser le mantelet seul ou y joindre le couvre-pieds serré autour de son cou, ou bien encore autour de sa taille. Et nous tirerons occasion de ces dernières considérations, pour faire observer incidemment ici que toutes les conclusions de cette longue discussion tendent à justifier encore la proposition que nous avons faite en commençant, d'unifier d'une manière absolue, non-seulement la couleur, mais même la coupe des vêtements des troupes de toutes armes, tant à pied qu'à cheval, et de réduire les distinctions d'uniformes à de simples différences dans la couleur de certains accessoires bien apparents.

2° En ce qui concerne l'avantage que nous attribuons à l'augmentation (à égalité de poids) du nombre des pièces d'habillement dont on peut munir le soldat, nous pensons que la justesse de cette allégation ressort clairement du tableau que nous venons de faire des combinaisons variées que notre type d'habillement permettrait au soldat de mettre en usage suivant le besoin, soit pour se rafraîchir, soit pour se réchauffer, soit enfin pour se préserver de l'humidité,

---

1 D'autant plus qu'il garantirait non-seulement l'homme lui-même, mais en même temps tout son bagage.

2 Ainsi enveloppé, le soldat serait même si efficacement protégé contre le froid et contre l'humidité, que nous pensons que l'adoption de notre mantelet-couvre-pieds permettrait de le débarrasser, sans aucun inconvénient, de la tente-abri ; et cela d'autant mieux qu'en garnissant notre couvre-pieds d'une bordure résistante, on pourrait, au besoin, l'utiliser aussi en guise d'abri. (*Voir la figure* 14.)

et, dans tous les cas, pour se délasser par ces diverses métamor-
phoses de sa tenue.

3° Nous avons dit, enfin, que le poids de l'habillement, et en
général de l'équipement du soldat, doit être pris en grande considération ; et nous ne pensons pas, en effet, qu'il soit nécessaire de
démontrer que l'équipement le plus parfait serait celui qui réunirait
aux avantages communs à tous les autres celui d'un moindre poids.

Nous allons donc nous borner à donner ici le tableau comparatif
des poids respectifs de la tenue actuelle de l'infanterie de ligne et
de celle que nous proposons :

Effets à emporter en campagne.

TENUE ACTUELLE DE L'INFANTERIE (Dépêche ministérielle du 27 juin 1878).			TENUE PROPOSÉE (pour toutes les armes [1]).		
DÉSIGNATION DES EFFETS.	Nombre.	Poids.	DÉSIGNATION DES EFFETS.	Nombre.	Poids.
1° VÊTEMENTS DE CORPS.					
Képi......................	1	0ᵏ160	*Casque léger* [4], avec coiffe couvre-nuque...........	1	0ᵏ600
Capote....................	1	2 155	*Dolman* [5]..............	1	0 900
Pantalon..................	1	0 900	*Pantalon* [6].............	1	0 900
Guêtres en cuir [2] (paire)...	1	0 300	»	»	»
Souliers (paire)..........	1	0 940	*Brodequins* [7] avec *chaussons intérieurs* en molleton...	1	1 000
Cravate...................	1	0 070	Cravate..................	1	0 070
Mouchoir.................	1	0 050	Mouchoir................	1	0 050
Bretelles.................	1	0 090	Bretelles (paire).........	1	0 090
Chemise..................	1	0 500	Chemise [8]..............	1	0 500
Caleçon..................	1	0 330	Caleçon.................	1	0 330
Ceinture de flanelle [3].....	1	0 220	»	»	»
			Veste de toile [9] (avec pattes mobiles d'épaules ren-fermées dans la poche au linge, quand la veste est portée avec le dolman)..	1	0 600
TOTAL.........	....	5ᵏ, 745	TOTAL.........	....	5ᵏ 040

[1] Les objets constituant des innovations sont en caractères italiques.

[2] Supprimées.

[3] Remplacée par le gilet à manches, en gros molleton, de nouvelle proposition.

[4] Ce casque serait mi-partie en cuir bouilli et en métal pour l'infanterie. Il serait tout en métal pour la cavalerie.

[5] En drap beige ornementé d'applications de drap noir, et complété par des épaulières de couleur différente pour chaque arme. Ce vêtement serait sans doublure.

[6] En drap garance avec bande de drap noir de 4 centimètres de largeur.

[7] Voir la description de cette chaussure au chapitre II.

[8] Chemise ordinaire, en toile de coton blanc, mais avec col rabattu en toile ou en flanelle (de la couleur distinctive de l'arme), retenu sur la chemise à l'aide de boutons.

[9] Vêtement destiné à servir de gilet, sous le dolman, dont il remplacerait la doublure, et devant constituer, avec le pantalon de toile, les tenues de chambrée et de corvée (en toute saison, avec adjonction du gilet et du caleçon en gros molleton par les mauvais temps), enfin les tenues du jour, d'exercice, de route et de campagne (en été).

TENUE ACTUELLE DE L'INFANTERIE (Dépêche ministérielle du 27 juin 1878).			TENUE PROPOSÉE (pour toutes les armes [1]).		
DÉSIGNATION DES EFFETS.	Nombre.	Poids.	DÉSIGNATION DES EFFETS.	Nombre.	Poids.
2ª CHARGE DES ÉPAULES.					
Havre-sac	1	2ᵏ 600	*Bissac-couchette* [3]	1	1ᵏ 100
Chemise	1	0 500	Chemise	1	0 500
»		»	*1 gilet et 1 caleçon (en molleton)*		0 700
Mouchoir	1	0 050	*1 mouchoir, 2 serviettes* [4] *et 2 cols*		0 200
Cuiller, sachet [2] à vivres, courroie de capote [2]	1	0 080	*Pantalon de toile*	1	0 500
Livret individuel	1	0 050	Livret individuel	1	0 050
Vivres (pour 2 jours)	»	1 690	Vivres (pour deux jours)		1 690
Sous-pieds de rechange [2] (paire)	1	0 020	»	»	»
Paquets de cartouches	8	2 174	»	»	»
Morceau de savon	1	0 125	»	»	»
Brosse à cirage, Brosse à lustrer [2], Brosse à habits, Brosse à fusil [2], Brosse à patience [2], etc., etc., Trousse garnie (Sac de petite monture) 0ᵏ,400 (par 4 hommes)	1	0 100	»	»	»
»			»	»	»
»			»	»	»
»			»	»	»
Souliers	1	0 940	*Sandales* [6] *et chaussons de molleton (paire)*	1	0 450
Bonnet de coton [2]	1	0 055	*Béret* [7]	1	0 450
A reporter	....	8ᵏ 384	*A reporter*	....	5ᵏ 340

Objets renfermés dans le havre-sac. — Objets renfermés dans la poche au linge du bissac-couchette. — Objets roulés dans la pattelette du bissac-couchette [5].

1 Les objets constituant des innovations sont en caractères italiques.

2 Objets de la tenue actuelle supprimés dans la tenue proposée.

3 Sac en toile imperméable dont la poche au linge sert d'oreiller et dont la pattelette, en se développant sur une longueur de 1ᵐ,50 et sur une largeur de 0ᵐ,75, protège le soldat contre l'humidité du sol. Voir les détails au chapitre V.

4 Indispensables pour l'entretien de la propreté des hommes, et pouvant servir de premier bandage en cas de blessure.

5 En été et dans les pays chauds, il s'y ajoute le dolman, le pantalon de drap et le caleçon, que le soldat ne porte pas alors sur lui pendant les marches, tandis que le pantalon de toile sort de la poche au linge.

6 Voir, au chapitre II, la justification de cette importante innovation.

7 Voir chapitre III.

2° CHARGE DES ÉPAULES. (Suite.)

TENUE ACTUELLE DE L'INFANTERIE (Dépêche ministérielle du 27 juin 1878).

Objets arrimés sur le havre-sac.

DÉSIGNATION DES EFFETS.	Nombre.	Poids.
Report.....	....	8k 384
Veste [2]	1	0 860
1 grand bidon [2], 1 moulin à café [2], 2 hachettes de campement [2], 2 sacs à distribution, 3 pelles Lennemann [2] (1 collection par escouade de 12 hommes), 7k,892.	1/12	0 658
Marmite — gamelle (1k,000) pour deux hommes	1	0 500
Boîtes de conserves (1k,000) pour deux hommes	1	0 500
Etui-musette [2], avec un repas de vivres	1	0 500
Petit bidon (1/2 plein) avec le quart	1	1 250
Fusil mle 1874 avec bretelle (0k,108) et bouchon	1	4 313
Nécessaire d'armes [2] (150g) (pour 4 hommes)	1	0 038
TOTAL.....	....	17k 003

TENUE PROPOSÉE (pour toutes les armes [1]).

DÉSIGNATION DES EFFETS.	Nombre.	Poids.
Report.....	....	5k 340
Objets roulés dans la pattelette du bissac-couchette [3] : *Mantelet - couvre-pieds* [4]	1	2 800
Fer d'outil de pionnier [5] *et cordage de 2 mètres* [6] (poids moyen)	1	1 000
Seul objet arrimé sur le paquetage : *Marmite - gamelle individuelle* (avec *forte cuiller en fer* servant de manche de couvercle)	1	0 650
Boîte de conserves (dans la marmite) (1 k.) pour 2 hommes	1	0 500
Un repas de vivres (dans le *couvercle-gamelle* [7]	1	0 300
Carabine-revolver (à cinq coups, au minimum) dite *à hélices et à cartouche obturatrice*, avec la bretelle (0k,108) et le bouchon (0k,005) [8]	1	3 043
TOTAL.....	....	13k 603

1 Les objets constituant des innovations sont en caractères italiques.

2 Objets de la tenue actuelle supprimés dans la tenue proposée.

3 En été et dans les pays chauds, il s'y ajoute le dolman, le pantalon de drap et le caleçon. que le soldat ne porte pas alors sur lui pendant les marches, tandis que le pantalon de toile sort de la poche ou linge.

4 Tenant lieu du manteau de guérite, de la capote, du collet à capuchon, du manteau de cavalerie, de la demi-couverture de marche et de la tente-abri.

5 Logé dans une poche ménagée à l'extrémité de la pattelette. En remplacement de cet outil, chaque chef d'escouade porterait deux sacs à distribution.

6 Destiné à tendre les abris et pouvant servir, d'ailleurs, à mille autres usages.

7 Ce compartiment mobile de la marmite serait lui-même pourvu d'un couvercle particulier.

8 Cette nouvelle arme forme l'objet d'une proposition spéciale de notre part, depuis le mois de janvier 1870.

Dorlein,

TENUE ACTUELLE DE L'INFANTERIE (Dépêche ministérielle du 27 juin 1878).			TENUE PROPOSÉE (pour toutes les armes [1]).		
DÉSIGNATION DES EFFETS.	Nombre.	Poids.	DÉSIGNATION DES EFFETS.	Nombre.	Poids.

3° CHARGE DES HANCHES.

Désignation (actuelle)	Nombre	Poids	Désignation (proposée)	Nombre	Poids
Ceinturon avec porte-épée [2]..	1	0ᵏ730	Ceinturon............	1	0ᵏ200
Cartouchière	1	0 370	*Sacoches légères* (avec leurs bretelles) [3]...	3	0 800
4 paquets de cartouches (en tout 72 par homme) ...	»	1 085	12 paquets de cartouches et 5 libres (en tout 77 [4] par homme)....	»	2 740
»	»	»	Morceau de savon	1	0 125
»	»	»	Petite brosse à chaussures [5] (0ᵏ,100)......		
»	»	»	Brosse à habits (0ᵏ,100).....	»	0 665
»	»	»	Trousse garnie [6] (0ᵏ,250)....		
»	»	»	Boîte à graisse [7] (0ᵏ,215)......		
»	»	»	*Gourde à couvercle formant tasse* [8] (1/2 pleine)............	1	0 800
»	»	»	*Couteau-tournevis* [9]..	1	0 150
»	»	»	*Fer d'outil à bois* [10] (poids moyen)......	1	0 200
Épée-baïonnette (avec son fourreau) [2].	1	0 800	*Manche de pique - baïonnette* [11]............	1	0 400
TOTAL.....	....	2ᵏ985	TOTAL.....	....	6ᵏ050

Objets renfermés dans les trois sacoches. — Collection individuelle.

RÉCAPITULATION.

	Actuelle		Proposée
1° Vêtements de corps...........	5ᵏ745	....	5ᵏ040
2° Charge des épaules...........	17 003	....	13 603
3° Charge des hanches	2 985	Charge des hanches ou des épaules alternativement..........	6 050
TOTAL.....	25ᵏ703	TOTAL.....	24ᵏ693

1 Les objets constituant des innovations sont en caractères italiques.

2 Objets supprimés dans la nouvelle tenue.

3 Voir, au chapitre IV, la description de ce genre de fourniment.

4 Notre cartouche obturatrice pèse 35 grammes seulement (au lieu de 43 gr. 8), et le soldat en porterait sur lui 77 au lieu de 72.

5 Simple petite brosse à décrotter qui serait suffisante, la chaussure ne devant jamais être entretenue que mate, au moyen d'une graisse noircie que le soldat étendrait à l'aide d'une pièce grasse.

6 Comportant, en outre des objets ordinaires, une brosse à cheveux et une brosse à dents, qui remplaceraient fort avantageusement sans doute, dans le bagage du soldat, la brosse à lustrer la chaussure, la brosse à patience et la brosse à fusil actuelles.

7 A deux compartiments, l'un pour la graisse noire à chaussure, et l'autre pour la graisse d'armes.

8 Cette gourde serait renfermée dans la sacoche de gauche, afin de ne point gêner le soldat en lui battant les flancs, et pour éviter en même temps tout bruit insolite capable de donner l'éveil à l'ennemi.

9 La seule dénomination de cet objet en révèle toute l'utilité pratique. Il tiendrait lieu de notre informe et incommode nécessaire d'armes, et serait renfermé dans la sacoche de droite.

10 et 11 Voir, au chapitre VII, tous les avantages attribués à ces deux objets.

Observations générales. — On est frappé tout d'abord de la réduction considérable que la note ministérielle du 27 juin 1878 marque l'intention d'apporter aux fixations antérieures, concernant la tenue de campagne. Cette réduction, en effet, n'irait pas à moins de 8^k,075. Mais, en passant à l'examen des articles, on est amené à se demander aussitôt s'il ne manquerait pas désormais des objets fort utiles au bagage ainsi simplifié du soldat : 2 hachettes, 3 pelles, 3 nécessaires d'armes, enfin trois sacs de petite monture, et, par conséquent, 3 trousses garnies seulement pour 12 hommes ; d'autre part, plus de couvre-nuque pour se garantir des coups de soleil, plus de deuxième caleçon à revêtir quand le premier serait mouillé ou aurait besoin d'être lavé ; plus de guêtres de toile pour remplacer celles en cuir, dont les plis durcis par la pluie ou par la transpiration blessent si souvent le bas de la jambe ; plus le moindre abri contre la pluie, contre le vent, contre le froid ni même contre le soleil, pour les troupes qui n'auraient pas la bonne fortune de pouvoir se cantonner (ce qui arrivera toujours en première ligne, c'est-à-dire précisément alors qu'on sera le plus fatigué) ; plus de demi-couverture de marche ni même de toile-caoutchouc, au moins pour ne pas se coucher dans la boue ou dans la neige, ou seulement pour ne pas être transpercé par la rosée ou transi par la fraîcheur des plus belles nuits d'été.

Si, du moins, le soldat devait trouver dans son chétif bagage des pièces de vêtement qui pussent lui tenir lieu de ces divers objets, si précieux cependant au bivouac et dont l'emploi a été consacré par un si long et si profitable usage[1].

Mais, là encore, il est à craindre que le fantassin ne se prenne souvent à regretter d'avoir colporté un fardeau trop léger, quand, après avoir supporté la pluie ou le soleil sous sa grande capote, si lourde, si chaude et si incommode pour la marche, il ne trouvera, pour se tenir au chaud pendant toute une nuit à passer à la belle étoile, d'autre vêtement sec que sa petite veste.

Notre but ne pouvant être de critiquer ici la nouvelle tenue de campagne (quoique la note ministérielle du 27 juin ne la donne pas du tout encore comme définitivement fixée), mais seulement d'en faire la comparaison avec l'équipement que nous proposons, nous n'insisterons pas davantage sur ce premier point et nous demanderons que l'on veuille bien nous suivre, dès à présent, dans nos considérations sur les conditions de confort relatif dans lesquelles nous prétendrions placer le soldat, tout en réduisant encore sen-

---

[1] Les savantes recherches de M. Lamarre sur l'organisation de la milice romaine (Paris, Hachette, 1870) démontrent clairement que nos guerres d'Afrique nous ont fait retrouver, dans la tente-abri, le modèle de la petite tente romaine.

siblement la charge qu'il aurait à porter en campagne, d'après la note ministérielle précitée.

Il est à remarquer d'abord que nous avons soigneusement écarté de notre projet toute communauté d'usage des divers ustensiles : depuis la marmite jusqu'à la brosse à dents inclusivement[1], tout, dans notre nouvel équip ment, est propriété individuelle; de telle sorte que personne n'ait à compter sur autrui, pour boire ni pour manger, pour camper ni pour se couvrir, pour couper son bois ni pour creuser son foyer, pour se décrotter ni pour réparer ses effets, pour nettoyer son arme ni pour approprier sa personne; enfin, dans le combat, pour s'abriter dans une embuscade, s'ouvrir un créneau, se frayer un passage à travers bois, abattre un arbre en travers d'un cours d'eau, rompre un ponceau, enfoncer une porte, percer un mur, couper des poteaux télégraphiques, enlever des rails de chemin de fer, détruire, en un mot, tout ce qui pourrait servir à l'ennemi. Chacun ici a ce qu'il lui faut, et le soldat comprendrait bien vite que de la conservation intégrale de son bagage dépendraient ses aises pour toute la durée d'une campagne.

Reprenant maintenant les choses par le détail, nous allons faire voir qu'en toutes circonstances notre équipement procurerait au soldat la plus grande somme possible de bien-être au milieu des fatigues inévitables de la guerre ;

Pendant la marche, il serait court vêtu : en pantalon et dolman de drap s'il faisait froid ou humide; en pantalon et en veste de toile, s'il faisait chaud; son dolman pourrait, dans tous les cas, être porté à volonté croisé ou ouvert; son fourniment serait supporté, tantôt par ses hanches et tantôt par ses épaules, de manière à ne plus lui causer comme à présent un genre constant de fatigue; son bissac, allégé de tous les objets logés dans le fourniment, pèserait peu sur son dos; s'il pleuvait trop fort, il le garantirait complétement à l'aide de son mantelet à capuchon; son pantalon, simplement retroussé, ne lui engourdirait pas, comme des guêtres, le bas de la jambe; son pied serait bien maintenu dans un brodequin lacé, assez haut et assez hermétiquement fermé pour ne laisser pénétrer ni la poussière ni la boue; s'il lui arrivait néanmoins d'être blessé par la marche, il pourrait chausser ses légères sandales, qui lui permettraient de se guérir tout en continuant de suivre sa compagnie; aucun objet ballant (tel que le bidon, le quart, l'étui-musette, l'épée-baïonnette, etc.) ne lui battrait plus, comme aujourd'hui, les flancs et les jambes, de manière à le rendre presque incapable de courir; toute cette penderie d'effets, à la résonnance métallique et produisant,

---

1 Il n'y aurait d'exception que pour les sacs à distribution de l'escouade.

actuellement un charivari perceptible pour l'ennemi à de grandes distances, serait remplacée par des objets analogues, mais renfermés dans trois légères sacoches, que des bretelles particulières, ainsi qu'un ceinturon, lui permettraient de faire peser alternativement sur ses hanches et sur ses épaules; son casque, mi-partie en cuir bouilli et en métal, et muni d'un couvre-nuque imperméable, le préserverait plus efficacement qu'aucune autre coiffure contre la pluie, contre le vent, contre le froid et même contre la chaleur, sans imposer cependant à sa tête une surcharge exagérée; enfin, il le garantirait, au feu, de bien des atteintes meurtrières; il n'aurait plus, sur son sac, ces ustensiles ni ces outils qui font du paquetage actuel une véritable curiosité d'échafaudage; enfin, dès qu'il en aurait fait l'expérience contre quelque fusil à simple chargement par la culasse, sa petite carabine-revolver [1], courte, légère, et portant loin et juste ses cinq coups, ne paraîtrait jamais importune à son épaule, où d'ailleurs un bourrelet bien placé la retiendrait sans aucune fatigue pour son bras.

En arrivant au bivouac, le soldat pourrait échanger son casque contre un béret, coiffure plus légère, aussi capable que le casque de le préserver du soleil et même de la pluie, et pouvant lui servir de passe-montagne avant de devenir pour la nuit le meilleur des bonnets de couchage.

Il quitterait, s'ils étaient mouillés, sa veste de toile et son dolman et endosserait son mantelet à capuchon, ou même seulement son couvre-pieds, en guise de mac-farlane, de manière à faire sécher ses autres vêtements sans s'exposer à contracter aucun refroidissement (*fig.* 17).

Il remplacerait le pantalon de toile (qu'il aurait porté, de préférence, pour la marche) par le pantalon de drap, dont l'emploi serait tout indiqué pour les circonstances de stationnement. Il se rafraîchirait les pieds après les avoir lavés, en changeant de chaus-

---

[1] Notre carabine-revolver à hélices réunit, au plus haut degré, les qualités qui avaient jusqu'ici fait défaut à toutes les armes vulgairement dites à répétition ou à magasin; elle est légère ($2^k,900$); son équilibre est stable et bien réglé; son maniement, commode et rapide; la simplicité de son mécanisme rend sa fabrication et sa réparation aussi faciles que peu coûteuses; sa solidité est le gage assuré de son fonctionnement indéfini; la sécurité qu'elle offre à l'usage est complète; grâce à sa cartouche obturatrice, ses propriétés balistiques sont égales à celles de nos meilleurs fusils à un seul coup; enfin, elle permet de tirer, en cas de besoin pressant, une salve de cinq coups, et rien n'empêcherait même, après avoir si longtemps refusé de reconnaître l'écrasante supériorité tactique des armes à réserve de coups sur celles à un seul coup, de construire plus tard notre carabine d'infanterie à 6, 7 et 8 coups, ou même davantage. Quant à notre pistolet-revolver à hélices, il pèse 325 grammes de moins que le revolver 1873, et il donne un tir efficace jusqu'au delà de 500 mètres.

sons de molleton et en chaussant ses légères sandales, qui le délasseraient immédiatement des fatigues de la route.

Puis, il pourrait, à défaut d'autre couvert, tendre son couvre-pieds avec ceux de trois de ses camarades, pour en former une véritable tente-abri, que supporteraient deux manches de piques-baïonnettes, exhaussés à suffisante hauteur sur des pierres où sur des mottes de gazon et maintenus à l'aide de deux cordages (*fig.* 14).

Sous cet abri imperméable et pouvant se fermer complétement, les quatre hommes étendraient leurs bissacs-couchettes, dont les poches à linge leur serviraient d'oreillers et dont les pattelettes leur tiendraient lieu de toiles-caoutchouc, pour s'isoler du sol. Enfin, le mantelet à capuchon, le gilet et le caleçon de gros molleton, le dolman, le pantalon de drap, le béret (enfoncé jusque sur les yeux et sur les oreilles) et le col de flanelle (relevé autour du cou) achèveveraient de les mettre à l'abri du froid et de l'humidité.

Mais il arrivera souvent, dira-t-on, que, par mesure de précaution, il sera défendu aux troupes avancées de monter de semblables abris? Eh bien ! même en ce cas, particulièrement fâcheux pour ses aises, le soldat pourrait encore se défendre très-efficacement contre les intempéries en étendant sur le sol son bissac-couchette et en s'y couchant, enveloppé de la tête aux pieds dans son mantelet couvre-pieds (*fig.* 15 *et* 16).

Il nous resterait à faire voir, enfin, que notre équipement fournirait aussi pour le service de garnison toutes les ressources voulues, tant au point de vue de l'hygiène des troupes qu'à celui de la variété à obtenir dans leur tenue, pour les diverses circonstances de la pratique journalière. L'exemple en serait facile à donner ici; mais, comme nous avons cru devoir faire de ce sujet minutieux et intéressant la matière d'un paragraphe tout spécial (le VIII⁰), nous nous bornerons à y renvoyer le lecteur, afin de lui éviter des redites fatigantes.

Résumant donc, dès à présent, cette longue discussion, nous croyons pouvoir affirmer en toute assurance que, quelle que fût la situation du soldat en garnison ou en campagne, dans les pays chauds ou dans les régions froides, enfin par les beaux ou par les mauvais temps, il trouverait dans notre équipement toutes les ressources nécessaires à la conservation de sa santé, de son bien-être même, et, par suite, de sa bonne humeur, précieux appoint, dans les circonstances pénibles qui ne manquent jamais de se présenter, même au cours des campagnes les plus heureuses.

Mais il est encore une remarque fort importante à noter ici, avant de terminer le parallèle que nous avons été amené forcément à établir entre l'ordonnance actuelle et la tenue que nous proposons.

C'est que l'ordonnance actuelle du soldat comporte, en outre des effets ci-dessus mentionnés, un grand nombre d'autres objets que l'on est obligé de verser ou de déposer dans les magasins, lors d'une entrée en campagne, ou même au départ pour une simple route à l'intérieur (1 shako et sa coiffe, 1 pompon, 1 paire d'épaulettes, 1 tunique, un 2ᵉ pantalon de drap, 2 paires de gants, 1 chemise, 1 caleçon, 1 cravate, 2 paires de guêtres en toile, 1 bonnet de coton, enfin 1 gamelle individuelle, sans compter les sacs de petite monture et les nécessaires d'armes devant rester en excédant des fixations de la décision du 27 juin 1878). Or, on conçoit les embarras que doivent entraîner de semblables dispositions, l'encombrement qui en résulte dans les magasins, enfin les complications d'écritures et de comptabilité qui en peuvent découler.

Avec notre équipement, au contraire, le soldat emporterait toujours sur lui la totalité de ses effets pour les routes à l'intérieur (le poids des effets de linge et de chaussure qu'il aurait en double ne devant même pas arriver à compenser, en ce cas, celui des cartouches et des vivres [1] dont il ne serait point chargé), et, dans le cas d'un départ en campagne, les effets de linge et de chaussure qu'il posséderait en excédant de l'ordonnance seraient tout simplement réintégrés ou vendus au profit de l'Etat, pour éviter trop de complications ; et d'ailleurs, en toute justice aussi, en vue des distributions extraordinaires d'effets que les circonstances forcent toujours à faire aux hommes dans le cours d'une campagne.

Comme conclusion générale, nous nous bornerons à faire remarquer :

1° Que dans la tenue proposée, les vêtements de corps pèseraient 675 grammes de moins qu'à l'heure présente, et que, pour la tenue de marche, en été ou dans les régions chaudes, le soldat devant porter le pantalon de toile et mettre son dolman, son pantalon et son caleçon dans le paquetage, réduirait ainsi le poids de ses vêtements de corps à $3^k,410$ (soit $2^k,305$ de moins qu'avec la tenue actuelle) ;

2° Que la charge des épaules serait diminuée de plus de 3 kilogrammes ($3^k,400$) ;

3° Que, grâce à notre double manière de faire porter le fourniment, le poids de celui-ci pourrait à volonté être supporté entière-

---

[1] On nous permettra cependant de faire observer incidemment ici, combien il serait utile, pour les routes à l'intérieur, de faire porter au soldat au moins deux rations de biscuit. Ne serait-ce point là, en effet, le seul moyen de permettre au chef d'une colonne de garantir sa troupe contre les fraudes si fréquentes des fournisseurs de pain, dans les petites localités, où il n'existe souvent qu'un boulanger ou même qu'un entrepositaire, dont le soldat est obligé de consommer les fournitures, quelque mauvaise qu'en puisse être la qualité et quelques plaintes intempestives qui puissent être faites ultérieurement à ce sujet.

ment par les hanches, ou bien, au contraire, laisser celles-ci complétement libres en venant s'ajouter alors à la charge des épaules, laquelle n'en resterait pas moins, même dans ce cas extrême, inférieure de 335 grammes à la charge actuelle correspondante;

4° Enfin, que la décharge totale que l'adoption de notre projet procurerait au soldat par rapport à l'ordonnance actuelle (décision du 27 juin 1878) serait encore de plus d'un kilogramme (1ᵏ,010), tout en lui assurant un véritable confort par rapport aux conditions dans lesquelles il ferait la guerre aujourd'hui, et en le dotant, en outre, d'un outillage individuel de pionnier [1], qui doit être considéré pour l'avenir comme un complément indispensable de l'équipement de campagne.

§ V. — *De l'élégance du costume.*

Sans prétendre attacher à cette cinquième considération une importance capitale, nous pensons cependant qu'il n'est pas sans intérêt de chercher à donner à l'habillement du soldat toute l'élégance que n'interdisent ni la commodité des vêtements ni une sage économie; car cette condition nous paraît éminemment propre à inspirer au soldat ce sentiment de fierté de son uniforme, qui contribue puissamment à faire surgir en lui le fond particulier d'amour-propre indispensable au développement de l'esprit militaire.

Nous avons donc cherché à réunir, dans notre projet, l'élégance à la commodité des vêtements.

Or, le raisonnement fait voir clairement que la première de toutes les conditions d'élégance, pour le costume militaire, est que le vêtement supérieur ne descende pas plus bas que la limite inférieure du torse, laquelle marque le milieu de la hauteur totale du corps et détermine ainsi la longueur maximum qu'il est permis de donner à la jaquette, sans porter l'atteinte la plus choquante aux exigences de l'œil, par le renversement des proportions naturelles, au détriment de la longueur apparente des jambes.

Nous croyons, d'ailleurs, avoir établi précédemment d'une manière péremptoire, qu'en vue de la marche, aussi bien que pour l'équitation, la jaquette doit être courte.

Dans le but, cependant, de satisfaire aux exigences de l'hygiène et d'assurer en même temps à l'uniforme la propreté d'aspect qu'il doit présenter jusqu'au terme de sa durée, on est amené à accorder

---

1. Outillage composé, pour chaque homme, d'un outil de terrassier, d'un outil à bois, d'un petit cordage et d'un solide couteau-tournevis.

à ce vêtement une certaine longueur qui lui permette de couvrir le bas-ventre d'une part, et de l'autre le fond du pantalon.

C'est en raison de ces dernières considérations que nous avons donné à notre jaquette la forme d'un dolman assez allongé, mais s'arrêtant toutefois à la limite inférieure du torse, c'est-à-dire à la naissance des jambes.

Quant à l'ampleur, que nous avons dit aussi être indispensable pour le vêtement supérieur, nous avons cherché à l'obtenir sans porter atteinte aux conditions de l'élégance, à l'aide d'une coupe ne serrant point la taille, mais la marquant cependant assez pour éviter la forme choquante par son manque de grâce, et plus encore par sa vulgarité, du vêtement communément désigné sous le nom de *vareuse*.

Enfin, nous avons trouvé, dans deux épaulières à gros bourrelet, en outre d'avantages évidents d'utilité [1], une ressource éminemment précieuse pour donner aux épaules une belle carrure et pour dissimuler les défauts (si ordinaires chez les gens de la campagne) de la conformation du haut du corps.

§ VI. — *Des conditions économiques.*

De même qu'au sujet du poids relatif de notre équipement, nous ne pensons pas avoir de meilleur argument à produire ici, en faveur de notre projet, que le tableau comparatif des prix de revient des deux types de tenue :

---

[1] En effet, la patte de l'épaulière protége l'épaule contre la pression douloureuse de la courroie du sac, tandis que, d'autre part, son bourrelet sert de maintien aux armes et aux autres objets que le soldat peut avoir à porter sur l'épaule. Aussi, lorsque la veste de toile serait portée sans le dolman (*fig.* 11), devrait-on y ajouter de petites pattes mobiles d'épaules, pattes rembourrées et recouvertes de drap de la couleur distinctive de l'arme et portant sur un écusson (noir pour l'armée active et garance pour l'armée territoriale) les numéros du régiment, du bataillon et de la compagnie. Enfin, il est à remarquer que les épaulières et les pattes étant simplement rembourrées de ouate et se trouvant placées précisément à l'articulation de l'épaule, ne pourraient jamais devenir, comme les épaulettes actuelles, une cause de gêne pour le couchage.

TENUE ACTUELLE DE L'INFANTERIE (Nomenclature de janvier 1876).			TENUE PROPOSÉE (pour toutes les armes [1]).		
DÉSIGNATION DES EFFETS.	Nombre.	Prix.	DÉSIGNATION DES EFFETS.	Nombre.	Prix.
4° HABILLEMENT.					
Képi...................	1	3ᶠ 31	*Béret (avec son gland)*....	1	3ᶠ 50
Capote................	1	27 11	*Mantelet-couvre-pieds*....	1	22 00
Tunique...............	1	23 80	*Dolman (avec les épau-lières)*.............	1	16 00
Epaulettes (paire).......	1	2 47	»	»	»
Veste [2]...............	1	14 59	»	»	»
Pantalon.............	1	12 51	Pantalon de drap (avec bandes).............	1	14 00
TOTAL.......	....	83 82	TOTAL......	....	55 50
2° ÉQUIPEMENT.					
Bretelle de fusil.........	1	1 10	Bretelle de carabine-revol-ver à hélices...........	1	1 10
Ceinturon complet (avec porte-sabre) [2].........	1	4 10	Ceinturon...............	1	1 90
Cartouchière............	1	4 00	*Sacoches (avec leurs bre-telles)*.............	3	9 00
Havre-sac.............	1	17 00	*Bissac-couchette*........	1	11 00
Shako (avec sa coiffe)....	1	8 81	*Casque (cuir et métal) avec sa coiffe couvre-nuque*..	1	7 00
TOTAL.....	....	35 01	TOTAL.....	....	30 00
3° ARMEMENT.					
Fusil (modèle 1874)......	1	52 00	*Carabine-revolver à hélices*.	1	50 00
Epée-baïonnette [2]........	1	13 00	*Manche et outil à bois (for-mant pique-baïonnette)*.	1	2 00
»	»	»	*Fer d'outil de pionnier (prix moyen)*..........	1	4 00
Nécessaire d'armes complet.	1	1 10	*Couteau-tournevis*.......	1	1 50
TOTAL.....	....	66 10	TOTAL.....	....	57 50
4° CAMPEMENT.					
Petit bidon (d'un litre)....	1	1 00	*Gourde (à couvercle for-mant tasse)*..........	1	1 00
Marmite-gamelle ($\frac{1}{2}$ du prix) (pour 2 hommes)..	1	1 50	*Marmite-gamelle indivi-duelle (avec forte cuiller en fer comme manche de couvercle)*..........	1	2 74
A reporter.....	....	2 50	*A reporter*.....	....	3 74

TENUE ACTUELLE DE L'INFANTERIE (Nomenclature de janvier 1876).			TENUE PROPOSÉE (pour toutes les armes [1]).		
DÉSIGNATION DES EFFETS.	Nombre.	Prix.	DÉSIGNATION DES EFFETS.	Nombre.	Prix.
4° CAMPEMENT. (Suite.)					
Report.....	....	2 50	Report.....	....	3 74
1 grand bidon. / 1 moulin à café..... / 2 hachettes de campement.. / 2 sacs à distribution..... / 3 pelles Linnemann...... } 1 collection pour 12 hommes (¹⁄₁₂ du prix).	»	2 70	2 sacs à distribution pour 12 hommes ($\frac{1}{12}$ du prix).................	»	0 58
TOTAL.....	....	5 20	TOTAL.....	....	4 29
5° LINGE ET CHAUSSURE.					
Chemises.............	3	9 90	Chemises.............	3	9 90
2 caleçons et 1 ceinture de flanelle..............	»	6 70	*1 gilet à manches en molleton et 2 caleçons (l'un en toile et l'autre en molleton)*................	»	12 00
			»		
Calottes..............	2	0 80	2 cravates, 2 *cols en toile de couleur* et 2 *cols en flanelle*	»	3 00
Cravates [2].............	2	1 50			
			»		
Gants [2] (paires).........	2	1 40			
Bretelles de pantalon (paire)	1	0 70	Bretelles de pantalon (paire)	1	0 70
Mouchoirs	2	1 10	2 mouchoirs et 2 *serviettes*.	»	2 60
Souliers (paires).........	2	16 20	1 paire de *brodequins* (10ᶠ), 1 paire de *sandales* (5ᶠ) et 2 paires de *chaussons intérieurs en molleton*..	»	16 20
Guêtres en cuir [2] (paire)...	1	3 80	»	»	»
Guêtres en toile [2] (paires)..	2	2 90	»	»	»
Pompon..............	1	0 80	*Panache de casque* (en crins de couleur)............	1	1 00
			»	»	»
Gamelle individuelle [2] et cuiller..............	1	1 35			
Musette et sachet à vivres [2].	1	1 00			
»	»	»	»	»	»
			2 *veste de toile* (avec *pattes mobiles d'épaules*), 2 *pantalons de toile*........	»	20 00
A reporter.....	....	48 15	A reporter.....	....	65 40

[1] Les objets constituant des innovations sont en caractères italiques.
[2] Objets supprimés.

TENUE ACTUELLE DE L'INFANTERIE (Nomenclature de janvier 1876).			TENUE PROPOSÉE (pour toutes les armes [1]).		
DÉSIGNATION DES EFFETS.	Nombre.	Prix.	DÉSIGNATION DES EFFETS.	Nombre.	Prix.

5° LINGE ET CHAUSSURE. (*Suite.*)

DÉSIGNATION DES EFFETS.	Nombre.	Prix.	DÉSIGNATION DES EFFETS.	Nombre.	Prix.
Report.....	....	48 45	Report.....	....	63 40
Sac de petite monture (1 pour 2 hommes). { Boîte à graisse. / Brosse double pour souliers / Brosse à habits / Brosse à lus-trer[2] / Brosse à pa-tience[2] / Brosse à fusil[2] et bouchon / Martinet[2] / Patience[2] / Fiole à tri-poli[2] / Courroie de capote[2] / Boucle de pan-talon[2] / 1 paire de sous-pieds[2] } (3ʳ40).	1	1 70	Collection indi-viduelle. { Boîte à graisse... / Brosse à décrotter la chaussure.... / Brosse à vêtements }	1	1 30
			»		
			»		
			»		
			»		
			»		
			»		
			»		
			»		
Trousse garnie. { Bobine (avec 6 aiguilles). / Boutons / Ciseaux / Dé à coudre / Fil / Glace / Peigne } (1ʳ20).	1	1 20	Trousse garnie (collection individuelle). { Bobine (avec 6 ai-guilles) / Boutons / Ciseaux / Dé à coudre / Fil / Glace / Peigne / *Brosse à cheveux* / *Brosse à dents* }	1	2 00
»	»	»			
»	»	»			
Livret individuel.........	1	0 30	Livret individuel.........	1	0 30
Total.....	....	51 35	Total.....	....	69 00

RÉCAPITULATION.

1° Habillement.................	83 82		....	55 50
2° Equipement	35 04		....	30 00
3° Armement..................	66 40		....	57 50
4° Campement	5 20		....	4 29
5° Linge et chaussure..........	51 35		....	69 00
Total.....	241 48		Total.....	246 29

[1] Les objets constituant des innovations sont en caractères italiques.
[2] Objets supprimés.

On voit donc qu'en adoptant notre projet l'Etat réaliserait, sur l'équipement complet de chaque homme, une économie de 25 francs.

Encore ne faisons-nous pas entrer dans ce calcul l'économie, difficile à évaluer à priori, mais à coup sûr très-considérable, qui résulterait de la réduction à un seul type d'uniforme du stock supplémentaire des effets nécessaires à l'essayage.

Il est à remarquer, en outre, que de grandes économies seraient obtenues par suite de la prolongation de durée qu'il serait possible d'assigner aux vêtements de drap, en raison de l'usage habituel que l'on ferait de la tenue en toile[1].

Enfin, il est à noter que nous avons fait porter notre comparaison sur le moins cher des uniformes actuels, celui de l'infanterie, et que, par conséquent, notre évaluation de l'économie réalisable par l'adoption de la tenue proposée reste bien au-dessous du bénéfice que l'Etat pourrait retirer effectivement de l'unification des tenues, bien plus coûteuses, des autres armes[2].

§ VII. — *De la protection contre l'effet meurtrier des menus projectiles.*

Nous éprouvons le besoin de nous couvrir ici de l'autorité de plusieurs auteurs contemporains, tant français qu'étrangers, pour venir soutenir à notre tour qu'il serait possible de diminuer, dans une notable proportion, les cas de blessure mortelle et d'augmenter d'autant la confiance des troupes sur le champ de bataille, en revenant sur ce que nous ne craindrons pas d'appeler le préjugé moderne contre l'utilité des armes défensives.

Nous croyons même pouvoir aller jusqu'à dire que le besoin de recourir à cette précaution (besoin qui s'est déjà fait sentir d'une manière beaucoup plus impérieuse depuis l'adoption des armes se chargeant par la culasse) s'imposera d'une manière absolue, au

---

[1] Les exigences de l'hygiène pouvant être, d'ailleurs, toujours pleinement satisfaites par le port de notre gilet et de notre caleçon en gros molleton, par-dessous ces vêtements de toile, pendant les journées pluvieuses ou froides, durant lesquelles le port du mantelet serait, en outre, facultatif en dehors du service. Et, en fait, ce genre d'habillement n'entre-t-il pas dans les habitudes de la masse de notre population ?

[2] Nous avons pu commettre quelques erreurs, quant au poids ou au prix de certains objets qui ont été adoptés postérieurement à la publication des nomenclatures des services de l'habillement, du campement et de l'artillerie (en janvier 1876 et janvier 1877), et au sujet desquels nous n'avons pu nous procurer des renseignements précis; mais nous sommes convaincu de ne leur avoir attribué que des poids ou des prix inférieurs aux données réelles.

moins pour la cavalerie, le jour, peut-être prochain [1], où l'on en arrivera enfin à donner à l'infanterie des fusils à réserve de coups !

Il n'est pas un militaire, en effet, qui n'ait eu de nombreuses occasions de vérifier ce fait, que la plus faible protection suffit à préserver de l'effet de la balle ou de tout autre menu projectile, soit de manière seulement à empêcher celui-ci de produire une blessure mortelle, soit même avec une entière efficacité. Et ces résultats s'expliquent aisément, si l'on considère qu'il ne s'agit point pour cela que le projectile se trouve arrêté brusquement au milieu de sa trajectoire, mais tout simplement qu'il éprouve une déviation quelconque dans sa course. Or, la moindre surface dure et convexe suffit à produire cet heureux effet.

Chacun, en repassant ses souvenirs, trouverait trop d'exemples de ce genre de faits pour que nous pensions utile d'en citer nous-même ici.

Mais est-ce à dire qu'il faille conclure de là à l'opportunité d'un retour aux armures défensives du Moyen-Age, ou même seulement à la généralisation de l'emploi de la cuirasse et du casque, tels que nous les avons conservés ?

Nous ne le pensons pas ; nous croyons, au contraire, que la méthode employée pour la détermination des épaisseurs de métal nécessaires pour assurer une protection efficace contre les menus projectiles est absolument défectueuse.

Le résultat des épreuves ne manquerait pas, en effet, de devenir complétement différent, si, au lieu d'appliquer les pièces d'armes à éprouver contre des supports fixes, on les adaptait sur des pendules offrant approximativement la minime force d'inertie et la grande élasticité que présente le corps humain. On verrait certainement alors se reproduire, sous de très-faibles épaisseurs de métal, les mêmes phénomènes de protection qui paraissent toujours si surprenants sur le champ de bataille, en raison des fausses idées dont les procédés traditionnels d'expérience ont imbu les esprits.

Nous estimons donc que, loin de chercher la solution du problème dans l'augmentation démesurée de l'épaisseur de l'armure protectrice, on pourrait la trouver dans l'adoption d'un simple plastron de toile sur lequel seraient fixées des lamettes de métal qui ne présenteraient qu'un poids très-minime par rapport à celui de la cuirasse actuelle, et qui, pouvant se reployer les unes sur les autres,

---

[1] Les armes à réserve de coups ont déjà été adoptées, par toutes les puissances, pour la cavalerie ; la Suisse, après l'Amérique, n'a pas hésité à en doter son infanterie elle-même ; d'autres voisins, plus redoutables, se préoccupent de suivre cet exemple ; enfin, l'infanterie turque a fait naguère de ces armes un usage qui a causé aux Russes les plus formidables surprises.

n'occasionneraient plus au soldat l'horrible gêne que nos cuirassiers éprouvent aujourd'hui par suite de la rigidité de leur armure.

Ce plastron pourrait être porté sous le dolman, afin d'empêcher son éclat d'attirer l'attention de l'ennemi. Rien ne s'opposerait, d'ailleurs, à ce que le soldat le plaçât dans son paquetage, tant que l'on ne serait pas sur le point de combattre. Ajoutons, enfin, que l'on pourrait compléter l'armement défensif du cavalier par des épaulières, assez développées et assez fortement rembourrées pour garantir le haut du bras contre le coup de sabre.

Quant à la coiffure, nous n'hésiterions pas à proposer un casque métallique léger (mais bien fermé) pour les troupes à cheval, et un casque plus léger encore et plus ouvert pour les hommes de pied. Cette dernière coiffure pourrait être faite de cuir bouilli, avec garniture métallique, sur le devant seulement.

Nous ajouterons que, pour éviter l'éclat brillant de ces coiffures au soleil, on les recouvrirait d'une coiffe en toile imperméable et de couleur beige, qui servirait en même temps de couvre-nuque (*fig.* 6). (Voir pour plus de détails, le chapitre III.)

§ VIII. — *Description sommaire de la tenue des différentes troupes.*

Nous avons déjà exposé les importantes raisons qui nous paraissent réclamer l'adoption du principe de l'uniformité absolue du fond de l'habillement pour toutes les troupes.

Mais, en même temps, nous nous sommes empressé d'ajouter qu'il importerait, au plus haut degré, de continuer de distinguer entre elles, non-seulement l'armée active et l'armée territoriale, mais encore, dans chacune de celles-ci, les différentes armes et leurs sous-unités.

Or, nous proposerions, à cet effet, de différencier d'abord toutes les troupes de l'armée territoriale de celles de l'armée active, par la couleur, uniformément noire, des numéros des épaulières (ou des pattes d'épaules), du gland du béret, du panache du casque et du col de la chemise, dans l'armée territoriale.

Dans chacune de ces deux catégories de nos forces de terre, les armes seraient, en outre, distinguées entre elles par la couleur des épaulières (ou des pattes d'épaules) ; soit, par exemple :

Le vert clair. . . pour l'infanterie ;
Le bleu de ciel. . pour la cavalerie ;
Le rouge garance pour l'artillerie ;
Le noir. . . . . . pour le génie ;
Le gris de fer . . pour le train ;
Le marron. . . . pour les services administratifs ;
L'orange. . . . . pour la gendarmerie, etc. [1].

Enfin, dans chaque arme, l'indication du régiment [2] et de ses sous-unités serait fournie par des chiffres de drap [3], posés sur les écussons des épaulières et des pattes d'épaules.

Quant aux marques distinctives des grades, elles pourraient être universellement les suivantes :

Gradés de troupe.

Galons de laine garance (pour les 1ers soldats et pour les caporaux) ou d'argent (pour les sous-officiers), posés sur les manches du dolman, et bordure (simple ou double) de soutache de laine garance (pour les soldats de 1re classe et pour les caporaux) ou de soutache d'argent (pour les sous-officiers) garnissant les pattes d'épaules de la veste de toile.

Officiers de troupe.

Soutaches d'argent formant nœud hongrois, sur les manches du dolman, et augmentant en nombre avec le grade.

Officiers des états-majors.

Soutaches semblables en or, et, pour la grande tenue, plumet remplaçant le panache en crin du casque (les officiers des diffé-

---

1 Le gland du béret, le panache du casque et le col de la chemise étant de plus, en entier, de la couleur distinctive de l'arme, pour les troupes de l'armée active, tandis que, dans l'armée territotoriale, la touffe du gland et l'olive du panache prendraient seules la même couleur que les épaulières.

2 Des raisons d'un autre ordre devraient engager à revenir à l'usage (conservé par la marine pour ses équipages) de donner à chaque régiment un nom de guerre, qui devînt le symbole de son honneur et la base de son esprit de corps. Ce nom (rappelant quelque souvenir de victoire, quelque vertu guerrière ou quelque gloire militaire) serait inscrit sur un petit bandeau de cuir qui s'adapterait autour du casque, et qui servirait à mieux distinguer encore entre eux les régiments de l'armée active. Quant aux régiments territoriaux, ils porteraient, tout naturellement, les noms de leurs circonscriptions de recrutement.

3 Chiffres en drap blanc pour l'armée active et noir pour l'armée territoriale. On les coudrait sur les écussons des épaulières (ou des pattes d'épaules), écussons qui seraient eux-mêmes, uniformément pour toutes les armes, de couleur noire dans l'armée active et garance dans l'armée territoriale.

rentes armes employés dans les états-majors conserveraient, d'ailleurs, la tenue de leurs corps respectifs).

Officiers généraux.

Soutaches en or, auxquelles s'ajouteraient des étoiles d'argent; d'autres étoiles se posant, d'ailleurs, sur les épaulières, en place de numéros. Les agréments du dolman, le gilet et le pantalon, de couleur amarante (le pantalon à bande noire pour la tenue journalière et à bande d'or pour la grande tenue). Enfin, un plumet remplaçant sur le casque le panache en crin.

Tous les officiers porteraient, en outre, les aiguillettes[1] d'argent (ou d'or pour les états-majors) avec la grande tenue, et de cuir verni avec les autres tenues; l'emploi de cet élégant accessoire devant être justifié, dorénavant, par l'utilité de rattacher à l'épaule droite, à l'aide de brins munis de porte-mousquetons : 1° le pistolet-revolver; 2° la jumelle de campagne, et 3° le sifflet de commandement.

L'une des particularités les plus remarquables de l'habillement et de l'équipement que nous proposons, est le grand nombre des combinaisons que l'on pourrait en tirer pour approprier la tenue à toutes les circonstances imaginables de la pratique, de telle sorte que les exigences de l'hygiène, celles d'une parfaite commodité, celles de l'élégance, et celles, enfin, de la plus rigoureuse économie, fussent toujours satisfaites.

Ces combinaisons sont même si nombreuses et si variées qu'il ne nous paraît pas possible de les présenter, d'une manière saisissable, autrement que sous la forme du tableau synoptique suivant :

---

[1] Pour les hommes de troupe montés, ces aiguillettes de luxe seraient remplacées par une simple lanière de cuir, destinée à rattacher le pistolet-revolver à l'épaule droite, de manière que le soldat puisse lâcher cette arme après avoir fait feu, pour se servir aussitôt du sabre.

		Béret (ou casquette) (a)	CASQUE		Panache (ou plumet).	DOLMAN (c)			
			avec coiffe.	sans coiffe.		ouvert.	croisé.	à petits revers.	à grands revers.
1° Tenue du matin, de chambrée et de corvée	Été	1 (b)	»	»	»	»	»	»	»
	Hiver (g)	1	»	»	»	»	»	»	»
2° Tenue du jour. — Petite	Été	»	1	»	»	1	»	»	»
	Hiver	»	1	»	»	»	1	»	»
2° Tenue du jour. — Grande	Été	»	»	1	1	1	»	»	»
	Hiver	»	»	1	1	»	1	»	»
3° Tenue de service. — Petite	Été	»	»	1	»	1	»	»	»
	Hiver	»	»	1	»	»	1	»	»
3° Tenue de service. — Grande	Été	»	»	1	1	1	»	»	»
	Hiver	»	»	1	1	»	1	»	»
4° Tenue d'exercice. — Sans armes	Été	1	»	»	»	1	»	»	»
	Hiver	1	»	»	»	»	1	»	»
4° Tenue d'exercice. — Avec armes seulement	Été	1	»	»	»	1	»	»	»
	Hiver	1	»	»	»	»	1	»	»
4° Tenue d'exercice. — Avec armes et bagages	Été	»	1	»	»	1	»	»	»
	Hiver	»	1	»	»	»	1	»	»
5° Tenue de route et de campagne	Été	»	1	»	»	1	»	»	»
	Hiver	»	1	»	»	»	1	»	»

		Béret (ou casquette) (a)	CASQUE		Panache (ou plumet).	DOLMAN (c)			
			avec coiffe.	sans coiffe.		ouvert.	croisé.	à petits revers.	à grands revers.
1° Tenue du matin	Été	1	»	»	»	1	»	»	»
	Hiver	1	»	»	»	»	1	»	»
2° Tenue du jour. — Petite	Été	»	1	»	»	1	»	»	»
	Hiver	»	1	»	»	»	1	»	»
2° Tenue du jour. — Grande	Été	»	»	1	1	»	»	»	1
	Hiver	»	»	1	1	»	»	»	1
3° Tenue de service. — Petite	Été	»	»	1	»	»	»	1	»
	Hiver	»	»	1	»	»	»	1	»
3° Tenue de service. — Grande	Été	»	»	1	1	»	»	1	»
	Hiver	»	»	1	1	»	»	1	»
4° Tenue d'exercice. — Petite (troupe sans armes ou avec armes seulement)	Été	1	»	»	»	1	»	»	»
	Hiver	1	»	»	»	»	1	»	»
4° Tenue d'exercice. — Grande (troupe avec armes et bagages)	Été	1	»	»	»	1	»	»	»
	Hiver	1	»	»	»	»	1	»	»
5° Tenue de route et de campagne	Été	1	»	»	»	1	»	»	»
	Hiver	1	»	»	»	»	1	»	»

Nota. — Voir ci-après les annotations se rapportant à ce tableau. — Voir, à la fin du présent mémoire,
La figure 1 représente un officier général en tenue du matin; la figure 2, un officier d'infanterie en grande
de cavalerie en petite tenue de service (hiver); la figure 5, un officier en petite tenue d'exercice (été); l a
campagne (hiver); la figure 8, un officier en tenue du matin (hiver); la figure 9, un faisceau de carabines-
soldat d'infanterie en tenue de campagne (hiver); la figure 13, un cavalier sous les armes; la figure 14, un
la figure 17, un soldat vêtu de son couvre-pieds et faisant sécher son mantelet; la figure 18, un homme

VESTE (d) ou (gilet).		PANTALON (e)		COL (f)		Gilet et caleçon de fort molleton.	ARMEMENT.		AIGUIL- (LETTES)		Paquetage.	Campement et outillage.
de toile.	de drap.	de toile.	de drap.	de toile.	de flanelle.		Pique-baïon-nette (sabre ou épée).	Complet (pisto-let, revolver).	de cuir.	d'argent ou d'or.		
TROUPE.												
1	»	1	»	1	»	»	»	»	»	»	»	»
1	»	1	»	»	1	1	»	»	»	»	»	»
1	»	1	»	1	»	»	1	»	»	»	»	»
1	»	1	»	1	»	1	1	»	»	»	»	»
1	»	1	»	1	»	1	1	»	1	»	»	»
1	»	1	»	1	»	1	1	»	1	»	1	»
1	»	1	»	1	»	»	1	1	1	»	1	»
1	»	1	»	1	»	1	1	1	»	»	1	1
1	»	1	»	1	»	1	1	1	»	»	»	1
1	»	1	»	1	»	1	»	1	»	»	»	1
1	»	1	»	1	»	1	»	1	»	»	»	»
1	»	1	»	1	»	1	»	1	»	»	»	»
1	»	1	»	1	»	1	»	1	»	»	»	»
1	»	1	»	1	»	1	»	1	»	»	1	»
1	»	1	»	1	»	1	»	1	»	»	1	»
1	»	1	»	1	»	1	»	1	»	»	1	1
1	»	1	»	1	»	1	»	1	»	»	»	1
OFFICIERS (h).												
1	»	1	»	1	»	»	»	»	»	»	»	»
»	1	»	1	1	»	»	»	»	»	»	»	»
1	»	1	»	1	»	»	1	»	»	»	»	»
»	1	»	1	1	»	»	1	»	»	»	»	»
1	»	1	»	1	»	»	1	»	»	1	»	»
»	1	»	1	1	»	»	1	»	»	1	»	»
1	»	1	»	1	»	»	»	1	1	»	»	»
»	1	»	1	1	»	»	»	1	1	»	»	»
1	»	1	»	1	»	»	»	1	1	»	»	»
»	1	»	1	1	»	»	»	1	»	1	»	»
1	»	1	»	1	»	»	1	»	1	»	»	»
»	1	»	1	1	»	»	1	»	1	»	»	»
1	»	1	»	1	»	»	»	1	1	»	»	»
»	1	»	1	1	»	»	»	1	1	»	»	»
1	»	1	»	1	»	»	»	1	1	»	»	»
»	1	»	1	1	»	»	»	1	1	»	»	»

les figures représentant l'équipement proposé.

tenue du jour (saison d'hiver) ; la figure 3, un officier en petite tenue d'exercice (hiver) ; la figure 4, un officier
figure 6, un officier d'infanterie en tenue de campagne (été) ; la figure 7, un officier de cavalerie en tenue de
revolver ; la figure 10, une sentinelle (hiver) ; la figure 11, un soldat en tenue de corvée ; la figure 12, un
couvre-pieds monté en abri ; la figure 15, un soldat couché sans abri ; la figure 16, un bissac-couchette déployé,
s'apprêtant à se coucher.

(*a*) Les objets compris entre des parenthèses sont particuliers aux officiers.

(*b*) Les unités marquent les objets entrant dans la composition de chaque tenue.

(*c*) Le dolman est en drap beige, approchant de la couleur dite gris-noisette, et relevé par de simples applications de drap noir. Il est complété par des épaulières, dont la couleur, variant comme il a été dit précédemment, suffit à différencier nettement à l'œil la tenue des armes ou des services divers, tandis que des numéros en indiquent les différentes subdivisions. Pour la troupe, les parements sont à la façon dite à botte, afin d'éviter tout embarras pour l'ajustage des manches à la longueur des bras, et dans le but aussi de permettre au soldat de les rabattre pour garantir ses mains contre le froid ou contre la pluie. Deux poches extérieures, sur le devant, à hauteur de la taille, et deux autres à l'intérieur des plastrons, à hauteur de la poitrine, rendent ce vêtement parfaitement commode. Une fente, sur le côté gauche, donne passage à la poignée de la pique-baïonnette ou à celle du sabre. Pour tout collet, il porte un simple bourrelet rembourré de ouate et recouvert de drap noir, ce qui évite les difficultés infinies que la mode des collets, droits ou rabattus, occasionne aujourd'hui pour l'habillement des contingents.

Le dolman de la troupe ne comporte aucune doublure, mais il présente à l'intérieur deux rangées de boutons plats (en os ou en corne) permettant de reployer et de fixer en dedans les deux plastrons quand ce vêtement doit être porté ouvert pour la tenue d'été.

Pour l'officier, le dolman présente le même aspect général, mais les parements sont en drap de la couleur distinctive de l'arme ; de plus, ils sont fixes et façonnés en pointe, suivant la forme du bas du nœud hongrois, en tresse d'argent (ou d'or) destiné à marquer le grade. Les plastrons sont, en outre, doublés en drap de la même couleur que celui des parements, de manière à former des revers tranchants quand on les reploie extérieurement pour marquer la tenue de service ou la grande tenue. Enfin, le dolman de l'officier porte deux poches de plus que celui de la troupe (ces poches ou goussets s'ouvrant sur le devant du vêtement à la hauteur du deuxième bouton).

Notre tableau des tenues fait voir que le soldat peut porter le dolman de deux manières différentes et l'officier de quatre manières, ce qui permet, en y ajoutant les différences constituées par les autres parties de l'uniforme, de former, pour le soldat 18, et pour l'officier 46 combinaisons susceptibles d'assurer, à l'un et à l'autre, des tenues parfaitement appropriées aux exigences les plus variées de la pratique.

(*d*) Nous avons déjà dit que la coupe et le nombre des poches de la veste de toile du soldat en feraient un vêtement propre à lui servir de tenue habituelle (en y ajoutant pour les mauvais temps notre gilet de dessous et notre caleçon de fort molleton). Et nous avons fait ressortir la grande économie qui résulterait de cette innovation, par suite de l'augmentation de durée que l'on pourrait dès lors assigner aux vêtements de drap. (Voir ci-dessus, § III.) Quant à l'officier, il aurait, comme effet correspondant à la veste de toile de la troupe, pour la tenue d'été, un gilet de toile, et, pour l'hiver, un gilet de drap uniformément noir pour toutes les armes.

(*e*) Le pantalon de drap garance de la troupe serait agrémenté, pour toutes les armes, d'une bande de drap noir de 4 centimètres de largeur.

Pour l'officier, cette bande aurait 6 centimètres de largeur. Le pantalon serait, en même temps, d'une coupe plus ajustée que pour la troupe.

(*f*) L'adoption d'un col rabattu (en toile pour l'été et en flanelle pour l'hiver) qui se fixerait sur la chemise à l'aide de boutons, nous semblerait devoir offrir de précieux avantages ; il maintiendrait, d'abord, la cravate à sa place naturelle et l'empêcherait ainsi de devenir, comme aujourd'hui, une cause de gêne continuelle pour le soldat, en tendant sans cesse à lui remonter jusqu'aux cheveux ; ce col pouvant d'ailleurs se relever autour du cou deviendrait, au bivouac, un préservatif précieux contre les refroidissements ; enfin, en tout temps, il suffirait à guérir le soldat de ces innombrables petites misères qui, sans être de nature à le conduire à l'hôpital ou même seulement à l'infirmerie, lui infligent cependant, trop souvent, des souffrances prolongées.

(*g*) Le port individuel du mantelet à capuchon serait permis en toute saison, au soldat comme à l'officier, pour se garantir de la pluie ou du froid. En hiver, le couvre-pieds serait joint au mantelet pour remplacer la capote de guérite ou le caban actuels.

(*h*) Disons, enfin, que de petites poches garnies d'épaisse flanelle, et disposées commodément à l'intérieur des angles du mantelet, permettraient au soldat de se tenir toujours les mains bien au chaud (même à cheval) sans avoir besoin de porter des gants. Les gradés porteraient, pour la grande tenue, des gants de tricot (ou de peau dans les corps à cheval) de couleur noire. Quant à l'officier, pour lequel le port des gants devrait être absolument de rigueur en toutes circonstances, des raisons fort sérieuses d'économie engageraient à lui donner le gant de peau noire en remplacement du gant blanc, le plus cher de tous et le plus difficile à entretenir[1].

CHAPITRE II.

DE LA CHAUSSURE.

(Figures 4, 7, 10 et 12.)

Afin de ne point nous engager sans direction dans l'étude d'un sujet qui a, de tout temps, fourni matière à la plus vive controverse, nous pensons utile de rappeler d'abord les conditions qui ont été regardées, à toutes les époques, comme principalement exigibles de la chaussure militaires :

1° Cette chaussure doit protéger le pied et le bas de la jambe contre les rugosités du sol et contre les obstacles de la végétation ;

2° Elle doit les préserver, en outre, de l'invasion de la poussière ou de la boue, et, autant que possible, même de l'humidité ;

3° Elle doit maintenir le bas de la jambe par un léger serrage, sans cependant l'emprisonner au point de l'échauffer ;

4° Son ajustage au cou-de-pied, doit pouvoir être réglé à tout moment, d'après l'état du pied ;

5° Elle doit pouvoir être enlevée et remise instantanément, de nuit comme de jour ;

6° Enfin, elle doit être très-solide, très-facile à entretenir et à réparer, et point trop coûteuse.

---

[1] La tenue de l'adjudant serait la même que] celle de l'officier ; sauf que le dolman ne porterait aucune ornementation en drap de couleur vive et que le grade serait marqué par une simple tresse d'argent, posée circulairement autour du parement (lequel serait, comme celui de la troupe, de la forme dite à botte).

Or, il nous semble qu'un simple brodequin lacé, sur la tige duquel s'ajusterait le bas du pantalon (retroussé de 15 centimètres en guise de jambière, pour la tenue d'exercice, de marche ou de campagne), répondrait à la fois et d'une manière complétement satisfaisante, à ces diverses conditions.

1º En effet, le soldat ainsi chaussé aurait, non-seulement le pied, mais encore le bas de la jambe garantis contre les rugosités du sol et contre les obstacles de la végétation : la partie retroussée du pantalon s'élevant aussi haut, dans ce cas, que la guêtre actuelle du fantassin et devant être d'ailleurs doublée d'une petite bande de basane de 15 centimètres de hauteur [1].

2º La fermeture hermétique que peut procurer un lacet bien disposé empêcherait complétément la poussière et la boue de pénétrer dans l'intérieur de la chaussure. Quant à la protection contre l'humidité, il faudrait évidemment l'attendre d'une bonne confection du brodequin, aussi bien que de celle d'une autre chaussure quelconque.

3º Le serrage bien réglé de la tige du brodequin, joint à celui du repli du pantalon, maintiendrait convenablement le bas de la jambe, sans froisser celle-ci et sans l'échauffer, comme le font aujourd'hui la guêtre ou la tige de la botte.

4º La capacité de la chaussure et le volume du pied constituent deux données sans cesse variables et de l'accord desquelles dépendent pourtant essentiellement les bonnes conditions de la marche. Or, le brodequin lacé permettrait au soldat de régler lui-même et à tout moment le serrage de sa chaussure, de telle sorte qu'étant convenablement ajustée au cou-de-pied elle laissât toujours, d'une part aux articulations antérieures du pied, et de l'autre à celle de la cheville, un jeu parfaitement libre.

5º La chaussure que nous proposons ne comportant d'accessoires d'aucune sorte, remplirait évidemment au mieux la condition de pouvoir être quittée et remise instantanément, de nuit aussi bien que de jour.

6º Enfin, notre brodequin satisferait, aussi bien que le soulier et beaucoup mieux que la botte ou même que la bottine, aux conditions de facilité d'entretien. Et quant à son prix de revient, il ne dépasserait pas (grâce à notre combinaison de brodequins et de

---

[1] La partie inférieure du pantalon de drap ainsi relevée serait maintenue convenablement serrée contre le bas de la jambe, par une patte de cuir à 3 boutons ménagée à l'extrémité de la basane. Le pantalon de toile n'aurait point de basane. Un garde-crotte, vissé dans le talon du brodequin, préserverait le bas du pantalon d'une usure prématurée, en même temps qu'il permettrait de donner plus de largeur, et partant plus d'élégance, à ce vêtement.

sandales) celui qu'atteignent aujourd'hui les deux paires de souliers
du fantassin.

Le brodequin lacé nous paraît donc être la seule chaussure admissible, non seulement pour l'infanterie, mais même pour toutes les armes, à l'exclusion de la botte, qui est trop lourde, trop chaude, trop difficile à entretenir intérieurement, trop volumineuse pour le paquetage, trop chère aussi, enfin d'un ajustage invariable et toujours très-défectueux quand cette chaussure n'est point faite sur mesure, ce qui est forcément le cas pour la troupe; et à l'exclusion surtout du soulier bas et sans lacet de notre infanterie, lequel ne répond à aucune des conditions énoncées ci-dessus comme indispensables à une bonne chaussure de guerre, et qui exige d'ailleurs le port de la guêtre, effet supplémentaire sujet à mille dégradations particulières, fort difficile à ôter et à remettre promptement, même pendant le jour (impossible pendant la nuit), et laissant enfin le soldat dans la nécessité de renoncer à suivre sa compagnie quand son sous-pied vient à se rompre ou à se couper inopinément.

La chaussure du cavalier serait, dans notre projet, la même que celle du fantassin, de telle sorte que l'unité des approvisionnements se trouverait encore réalisée pour ce genre d'effet. Le cavalier ajouterait simplement aux brodequins une paire de houseaux affectant exactement la forme de tiges de bottes molles et portant les éperons.

Enfin, nous proposerions de ne faire emporter au soldat, en campagne, qu'une seule paire de brodequins, sauf à en faire transporter une certaine quantité par le convoi régimentaire, pour les rechanges. Le fantassin se trouverait ainsi déchargé de sa chaussure de rechange, objet pesant et surtout encombrant, dont il cherche toujours l'occasion de se débarrasser.

Mais il faut bien reconnaître qu'il se trouverait dès lors pris au dépourvu à chaque instant, si on ne lui fournissait pas d'une autre manière le moyen de quitter son unique paire de brodequins, soit pour se délasser les pieds à l'arrivée au gîte, soit pour nettoyer, sécher et graisser cette chaussure de marche.

C'est pourquoi nous proposerions, ainsi qu'il a été dit au § IV du chapitre précédent, de le munir, en outre de sa paire de brodequins, de sandales légères faites d'étoffe imperméable ou de cuir mince.

Cette deuxième paire de chaussures suffirait aux besoins de l'intérieur du camp ou de la caserne, et même, utilisée dans les marches par les hommes que leurs brodequins auraient blessés, elle leur permettrait de se guérir sans discontinuer de marcher.

Enfin, pour obtenir la propreté indispensable à la conservation du bon état du pied, aussi bien que pour prévenir ou pour guérir les blessures provenant de la marche, en un mot pour rendre complètes les propriétés hygiéniques de notre chaussure de guerre, nous voudrions voir adopter pour le soldat une sorte de chaussons intérieurs dont il est fait usage chez des puissances voisines.

Ces chaussons consistent tout simplement en une semelle et en pièces latérales taillées soit dans de la flanelle, soit dans un molleton quelconque. Le tout est assemblé par des coutures et fermé à l'aide de cordons. On conçoit que de pareils objets doivent être d'un prix de revient très-minime, et que, d'autre part, le soldat puisse facilement non-seulement les laver, mais aussi les réparer, ou enfin les renouveler lui-même [1].

CHAPITRE III.

DE LA COIFFURE.

(Figures 1, 2, 4, 6, 7, 12, 13, etc.)

Nous avons dit que le casque nous paraît être la coiffure de guerre de l'avenir, tant pour le fantassin, dont la tête se montre toujours forcément à découvert, même derrière les plus sûrs abris, que pour le cavalier, qu'aucun couvert ne peut jamais protéger au moment de la charge; et nous avons ajouté que nous voudrions cette coiffure infiniment plus légère qu'elle ne l'est en général aujourd'hui, tout en la revêtant partiellement ou en la formant en entier de métal, afin de lui conserver ses propriétés protectrices, lesquelles constituent en effet sa seule raison d'être [2].

Nous voudrions donc voir remplacer le lourd cimier de notre casque de cavalerie par une simple nervure au sommet de laquelle se trouverait un bouton creux destiné à recevoir, pour la grande tenue, un panache de crin ; et la visière fixe par une visière mobile pouvant s'abaisser, pour mieux protéger le visage pendant l'action, et se portant d'ailleurs habituellement relevée, de manière à n'imposer au cavalier aucune gêne inutile (*fig,* 4 *et* 13).

---

[1] Il est à remarquer encore que ce mode de chaussure permettrait de laisser le jeune soldat ou le réserviste faire usage des brodequins, souvent très-solides et toujours bien brisés, avec lequel il rejoindrait le corps ; ce qui n'est pas possible avec la guêtre.

[2] Quant à toutes les coiffures, qui, à l'exemple de notre shako actuel, ne sont bonnes à protéger la tête ni contre les balles, ni contre le sabre, ni contre la pluie, ni contre le soleil, nous pensons qu'elles devraient être rejetées immédiatement, ne fût-ce que pour épargner au soldat une surcharge et une gêne absolument gratuites.

Pour l'homme de pied, enfin, nous proposerions un casque plus léger encore, en cuir bouilli, avec demi-garniture métallique sur le devant et avec rebords destinés à garantir le cou contre l'invasion de la pluie, tandis qu'une coiffe couvre-nuque le préserverait du soleil (*fig.* 6 *et* 12).

Quant à la coiffure de petite tenue, nous ne pensons pas que l'on en puisse imaginer une plus parfaite que le béret[1], qui peut garantir contre le soleil dans tous les sens (*fig.* 11 *et* 17), que le soldat laverait à volonté, qu'il aplatirait, qu'il plierait ou qu'il roulerait même au besoin pour le faire entrer dans le paquetage, qu'il enfoncerait à demi par les mauvais temps, en guise de passe-montagne (*fig.* 18), et dont il ferait enfin le bonnet de couchage le plus parfait, en le tirant complétement pour se couvrir à la fois les oreilles et les yeux (*fig.* 15).

CHAPITRE IV.

DU FOURNIMENT.

(Figure 12.)

On a vu, au paragraphe IV du chapitre premier, que nous demanderions à remplacer le fourniment actuel du fantassin par trois petites sacoches de cuir léger : celle de derrière devant contenir huit paquets de cartouches et celle de droite quatre paquets, plus cinq cartouches libres passées dans une rangée de petites alvéoles (en tout 77 cartouches); la sacoche de gauche renfermerait la gourde; enfin, le large excédant de capacité de ces trois sachets permettrait au soldat d'y loger tous ces menus objets[2] qui peuvent lui être utiles à chaque instant et dont la recherche exige souvent, aujourd'hui, le déballage complet du sac.

Mais ce qui constituerait, à nos yeux, l'innovation la plus marquante, serait la double manière dont nous proposerions de faire porter le fourniment, ainsi chargé : on pourrait, en effet, à l'aide de deux petites courroies spéciales, croisées comme des bretelles de pantalon, en faire supporter entièrement la charge par les épaules; ou bien, au contraire, on la ferait porter complétement sur les hanches, par le moyen d'un ceinturon reliant entre elles les trois saco-

---

1 Des motifs d'élégance pourraient faire ajouter une visière au béret de l'officier; cette coiffure aurait aussi de moindres dimensions que celle de la troupe.

2 Cuiller, brosse à habits, boîte à graisse (avec chiffons et pièces grasses), trousse garnie, morceau de savon, serviette, bouchon de fusil, couteau tournevis, etc, etc.

ches et se bouclant par devant. Or, nous ne pensons pas qu'il soit nécessaire d'insister ici pour faire comprendre que les changements alternatifs devant résulter de ce double mode de chargement procurerait chaque fois au soldat un soulagement (momentané, il est vrai, mais très-réel) qui lui épargnerait une grande partie de la fatigue que lui occasionne actuellement le mode invariable de chargement en usage.

D'ailleurs, ainsi que nous l'avons déjà dit précédemment (chapitre Ier, § IV), nous nous sommes proposé, en même temps, de supprimer de la sorte la grande quantité d'objets ballants [1] qui gênent aujourd'hui la marche du fantassin, au point de lui interdire à peu près complétement les allures vives.

Nous ferons remarquer, enfin, qu'en se servant des bretelles pour soutenir son fourniment, le soldat pourrait ouvrir son dolman et se mettre ainsi complétement à l'aise.

CHAPITRE V.

DU PAQUETAGE.

(Figures 12 et 16.)

Le havre-sac de l'infanterie semble tendre, de plus en plus, à devenir une véritable armoire à compartiments et à secrets; son poids augmente chaque jour, sans qu'il offre pour cela plus de commodité ni plus de capacité pour le placement des effets; enfin, si sa structure gagne toujours en solidité, elle devient aussi de plus en plus dure au dos et aux épaules du soldat.

Notre projet, avons-nous déjà dit au § IV du chapitre Ier, consisterait à remplacer cet objet d'équipement par un simple bissac-couchette, fait de forte toile imperméable, avec un dos en cuir, sur lequel seraient cousues les attaches des courroies et des boucles.

Ce bissac se composerait : 1° d'une poche à linge qui servirait d'oreiller au bivouac, et 2° d'une pattelette développable qui présenterait une surface de 1^m,50 de longueur sur 0^m,75 de largeur (de manière à pouvoir isoler l'homme du sol) et qui formerait ainsi avec la poche au linge une véritable couchette (*fig.* 16).

Le tableau, que nous avons donné ci-dessus, des effets à emporter en campagne, détermine bien clairement les objets à loger dans la

---

[1] Le bidon, le quart, l'étui-musette, l'épée-baïonnette, les cartouchières, enfin les menus objets que chaque soldat ajoute encore, de lui-même, à toute cette penderie, faute de savoir où les loger.

poche au linge, et ceux à ployer dans la pattelette du bissac. La marmite-gamelle, contenant la boîte de conserve et le pain, ainsi que de la viande pour un repas (dans le couvercle-gamelle), serait placée par-dessus le bissac. Enfin, deux contre-sanglons suffiraient pour assembler tout ce paquetage, tandis que deux courroies de charge serviraient à fixer le bissac sur les épaules. Un semblable bagage serait léger et commode à porter, parce que le poids mort s'y trouverait réduit à un minimum, et que, d'autre part, il prendrait naturellement la forme du dos. Enfin, il y aurait à faire là une économie de 6 francs par homme, ainsi que le fait ressortir notre tableau comparatif du prix de revient des deux tenues.

CHAPITRE VI.

DU CAMPEMENT.

Nous n'ouvrirons ce chapitre que *pour mémoire*, attendu que tous les points importants du sujet ont déjà été traités, au cours de notre discussion sur le tableau comparatif des effets à emporter en campagne (chapitre Ier, § IV).

CHAPITRE VII.

DE L'OUTILLAGE DE CAMPAGNE.

On s'occupe beaucoup, depuis quelques années, tant en France qu'à l'étranger, de l'étude de ce que l'on a pris l'habitude d'appeler les *zones dangereuses* du feu.

Ne semblerait-il pas cependant infiniment plus simple de confondre toutes ces zones en une seule, qui commencerait à la portée extrême du fusil ou du canon de l'ennemi pour ne finir qu'à leur bouche, et dans laquelle les erreurs de tir imputables à l'adversaire, dans le sens de la profondeur, seraient regardées comme aussi dangereuses et comme infiniment plus probables que ses appréciations exactes?

Or, nous conclurions de là, non-seulement à l'utilité d'adopter une tenue (semblable à celle que nous proposons) dont la couleur dût se confondre avec les teintes communes du terrain, de manière à rendre les troupes pour ainsi dire invisibles à l'ennemi et à mettre par conséquent celui-ci dans le plus grand embarras pour diriger son tir; mais encore à la nécessité de généraliser l'emploi des travaux de fortification rapide, pour mettre les défenseurs d'une position, ou même les échelons fixes de l'assaillant, à l'abri des feux précis, et surtout, peut-être, des coups de hasard de l'adversaire.

Nous eussions dû craindre d'encourir le reproche de témérité, en produisant avec aussi peu de ménagements de semblables opinions, si nous ne pouvions nous prévaloir de l'autorité de plusieurs écrivains militaires contemporains[1] qui les ont émises dès longtemps, et qui proclament hautement qu'il deviendra de plus en plus nécessaire, dans l'avenir, de recourir à la sape sur le champ de bataille, pour échapper à l'effet, chaque jour plus meurtrier, des feux de l'infanterie et de l'artillerie.

Or, on devra reconnaître, d'autre part, que pour que l'usage des travaux de terrassement puisse se généraliser ainsi, il est indispensable que chaque soldat soit toujours porteur d'un outil de pionnier[2], indépendamment de l'outillage spécial et des engins pyrotechniques que l'on pourrait dès lors placer sur la voiture ou sur les mulets régimentaires, au lieu de les charger de simples outils de terrassier, qui s'y trouveront toujours en nombre insuffisant, et qu'il serait d'ailleurs impossible de répartir, en temps opportun, entre les diverses fractions du corps, placées souvent dans la nécessité subite de s'en servir simultanément.

Mais encore faudrait-il bien se garder d'augmenter pour cela la charge actuelle du fantassin?

On nous permettra donc de proposer ici, malgré son étrange nouveauté, une solution qui nous semble répondre à toutes les objections :

Un seul engin qui ferait à la fois office de manche d'outil, de bâton de marche, de support de tente, d'appui pour le tir, et enfin de baïonnette, ne serait-il pas, en effet, bien précieux pour le soldat? Or, si l'on veut bien renoncer à quelques restes de préjugés relatifs à l'utilité de notre type moderne de sabre ou d'épée-baïonnette, il ne nous sera sans doute pas difficile de démontrer qu'un simple bâton de frêne, de $0^m,75$ de longueur et ne pesant pas plus de 400 grammes[3], remplirait parfaitement le quintuple rôle que nous venons d'indiquer.

Introduit dans l'œil ou dans la douille d'un fer d'outil que le soldat

---

[1] Et surtout de l'instruction ministérielle du 23 mars 1878.

[2] Pelle, pioche, bêche ou hache.

[3] Ce bâton aurait une coupe elliptique afin de présenter, avec un poids et sous un volume minimum, une solidité suffisante. Le gros bout serait ferré, pour tenir plus solidement dans l'œil ou dans la douille de l'outil de pionnier et pour pouvoir, d'autre part, heurter le sol sans se détériorer; enfin, le petit bout porterait une autre garniture de fer bien adoucie, en forme de pomme de canne, et percée d'un trou taraudé pour le vissage du fer d'outil à bois.

porterait habituellement dans son paquetage (ou même dans le combat sur sa poitrine, comme pièce défensive), ce bâton de frêne deviendrait en effet un manche de hache, de bêche, de pioche ou même de pelle, de solidité et de dimensions très-suffisantes ; muni à son bout le plus mince d'une petite dragonne de cuir, destinée à le mieux faire tenir dans la main, il pourrait être souvent employé fort utilement par le soldat, comme bâton de marche ; exhaussé sur quelques pierres ou sur des mottes de gazon, il servirait au bivouac de support de tente-abri ; vissé sur un fer d'outil à bois [1] (long de 25 centimètres environ) que le soldat porterait d'ordinaire, séparément, dans une gaîne de la sacoche de gauche, ce bâton deviendrait une redoutable pique, et il tiendrait parfaitement lieu de baïonnette, en l'adaptant sous le canon de notre carabine-revolver [2] (*fig.* 10) ; enfin, grâce au crochet que ces fers d'outils à bois porteraient tous, en vue de la formation des faisceaux [3] (*fig.* 9), cette pique-baïonnette constituerait tout naturellement une fourche de pointage, dont le soldat pourrait apprendre à faire un usage très-avantageux pour le tir à longue portée, ainsi que dans beaucoup d'autres circonstances spéciales.

Ajoutons, comme dernier détail, que, lorsque le soldat voudrait porter en marche notre manche de pique à la ceinture, il n'aurait qu'à le glisser dans une petite douille de cuir, cousue sur la sacoche de gauche, et à l'introduire en même temps dans une bride de cuir passée dans le ceinturon, sous la cartouchière de derrière, de manière à le maintenir dans une direction oblique et à l'empêcher de lui battre dans les jambes. Pour la tenue du jour, en garnison, la pique-baïonnette serait portée suspendue au ceinturon d'une manière analogue, et elle constituerait en cas de besoin, dans une main vigoureuse et exercée, une arme beaucoup plus redoutable que l'épée-baïonnette actuelle.

Nous ferons remarquer, enfin, que la suppression de cette épée-baïonnette compenserait largement, comme poids et comme prix, l'adoption de notre si utile pique-baïonnette.

---

[1] Ciseau, scie, tarière, etc., etc.

[2] Le canon porterait, à cet effet, un petit crochet (brasé en dessous), lequel s'engagerait dans la mortaise d'une douille en fer fixée au milieu du manche de la pique-baïonnette, en même temps qu'un petit tenon taillé vers l'extrémité de la garniture en fer du gros bout de ce manche pénétrerait dans un trou pratiqué à l'extrémité de la monture du canon, et y serait maintenu par un ressort à baïonnette. Or, il est à remarquer que par ce mode d'attache, la pique-baïonnette ne masquerait aucunement la ligne de mire, et qu'elle ne dérangerait point, comme l'épée-baïonnette actuelle, l'équilibre de l'arme dans le sens latéral.

[3] Ces fers d'outils auraient une tige de 10 centimètres de longueur dont le diamètre répondrait au calibre du canon, de manière à s'y adapter quand on voudrait former les faisceaux. Ce serait par le moyen du filetage de cette même tige que l'outil se visserait dans le petit bout du manche de pique.

OBSERVATION FINALE.

Il ne sera pas inutile, sans doute, de mentionner ici, comme dernière observation, que, dans le but de procurer aux diverses propositions contenues dans ce mémoire l'indispensable sanction de l'expérience, nous avons fait exécuter des types d'uniformes, d'équipement, d'armement, etc., tant pour hommes de troupe que pour officiers, et que nous les avons fait essayer ou les avons portés nous-même, pendant fort longtemps, avant de nous risquer à les présenter ici comme avantageux.

On nous permettra d'ajouter, enfin, que si notre projet peut encourir le reproche d'une extrême originalité, il devra du moins échapper à celui d'un défaut de labeur, car nous ne nous décidons à le publier aujourd'hui qu'après l'avoir présenté comme travail d'inspection générale, dès 1873 (en qualité de capitaine au 52ᵉ régiment de ligne), puis une deuxième fois, trois ans plus tard (comme chef de bataillon au 1ᵉʳ zouaves), et après l'avoir enfin, cette année, revu entièrement et mis à jour, à Salon, où le commandement temporaire des dépôts réunis des quatre régiments de zouaves et une étude minutieuse des questions relatives aux opérations d'une mobilisation, nous ont permis de vérifier sur pièces, pour ainsi dire, les avantages pratiques que nous attribuons à nos diverses propositions.

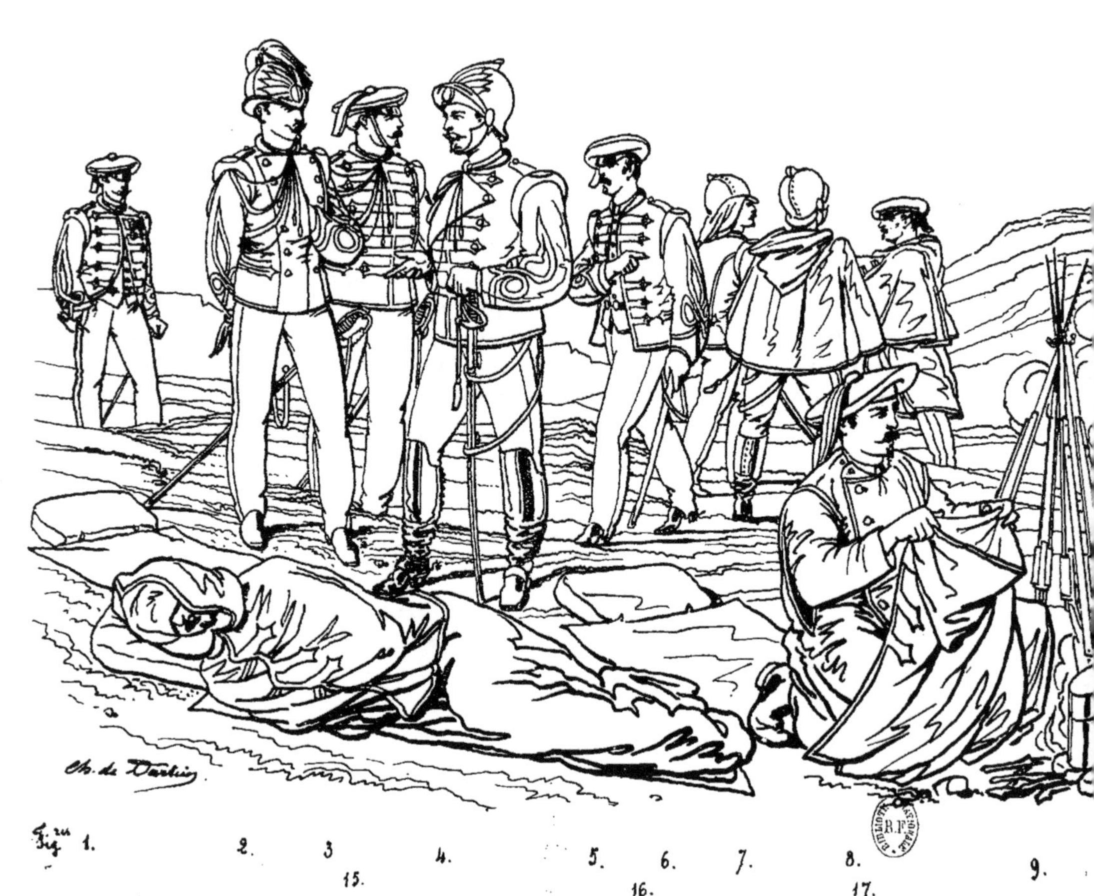

Fig. 1.   2.   3.   4.   5.   6.   7.   8.   9.
15.   16.   17.

10.   11.   12.   13.   14

15.

TABLE DES MATIÈRES.

Paris. — Imprimerie de J. Dumaine, rue Christine, 2.